公務員が定時で仕事を終わらせる55のコツ

同前嘉浩・林博司

学陽書房

はじめに

　大きな後悔があります。大切な後輩が仕事に潰され辞めてしまったのです。

　「残業、残業の毎日。首が回らず、仕事のせいで人生がどんどんつまらなくなってきた。もう辞めようと思う」とのことでした。

　明るくて人当たりも良く、テキパキとした後輩でしたが、自分から見てその後輩の仕事の仕方には改善点がいくつかありました。ただ、別の担当だった為、声をかけてはいませんでした。そのことを今はとても後悔しています。そのとき迷わず改善点を教えてあげれば良かったと。

　利益を追うことなく、誰かの為、社会の為に全力で働くことができる。こんなに素晴らしく、そして意義がある仕事なのに、どんどん仕事量が増え、やりがいを覚える前に、残業の多さに打ちのめされて、魅力的に感じられない若手が増えていることに危機感を覚えます。

　管理職も事務作業の支援、議会対応などでいっぱいいっぱい。若手の仕事の進め方を逐一チェックできないから、なぜそこまで抱え込んでしまうのか、共感しきれないところもあるようです。

　そこで、身近な先輩、同僚という立場の自分達が、**今すぐ簡単にできて、日々の業務がスッと楽になる、公務員必須の時短知識**を共有することができれば、少しでもこの状況改善の一助となれるのではないか。そのような想いから今回筆を取ることとしました。

　そうは言っても、業務の時短や改善なんて、特別な公務員にしかできないことで、普通の人間には同じことなどできないし、こんな本を読んでも真似できないと思う方もいるでしょう。

　しかし、それは違います。私達も普通の公務員です。

　著者の同前は、工業高校卒業後に建設会社に入社。スコップで穴を掘ったり、重機を運転していたり、6回も転職を繰り返して、24歳で奇跡

的に公務員になれた元落ちこぼれでした。もう一人の著者の林は、大学卒業後、他の仕事を経験することなく市役所に入庁した普通の公務員でした。

しかし、同前は仕事以外の余暇の時間を作りたい一心で試行錯誤を重ね、これまで経験した部署の合計で年間 1000 時間以上、一つの部署としては最大 500 時間の業務時間削減に成功しました。

林は、漫然と日々の仕事をこなしていましたが、家庭の事情で家に早く帰る必要が発生。どう日々の仕事を効率化するか、旧態依然の役所仕事しか知らない中で、もがきながら 10 年かけて、自分なりの定時で帰りながら成果も出せる方法を見つけました。

こうして、**普通の公務員である自分達が見つけた日々の業務改善方法を、誰もが理解しやすく、実行しやすい形で 55 のポイントにまとめました。**気になるところ、変えたいところをつまみ読みして実行するだけで、仕事が簡単に効率化でき残業しない日が驚くほど増えます。

例えば、公務員独特の大量の決裁や回覧・会議録の作成を一つにまとめる、省略できるルールを知る、無料ツールを活用すること。これらを変えるだけでも、1 日 30 分は時短ができるはずです。

公務員の仕事にやりがいを感じる前に、大変さに押しつぶされて現場を去ったり、給料の為と割り切ったりして、仕事にやる気を出せなくなってしまうのはとても不幸なことです。若手は勿論、管理職も、本書を活用して楽な業務のこなし方を知ることで、若手が働きやすい環境作りの一助にしていただければと思います。業務効率化が適切に図られている前提があって初めて、「住民の役に立ち、地域を良くする」という公務員本来のやりがいが発揮できるはずだからです。

本書を通し、皆様の公務員生活が豊かに、そして全国の自治体の未来が明るいものになることを願っています。

2023 年 5 月吉日

同前 嘉浩　林 博司

▶▶ CONTENTS

CHAPTER 1

今すぐできる！
事務処理の時短術

CHAPTER
2

役所のPCでも超速便利!
パソコン業務の時短術

CHAPTER 5

二度手間をなくす！
調整・コミュニケーション術

CHAPTER 1

今すぐできる!

事務処理の
時短術

1-1
起案書はシンプルにして週単位でまとめる

何枚も何枚も同じ起案書を作成して時間が潰れ、悩んでいる方は多いのではないでしょうか。上司やチームに理解してもらいながら、自分の仕事も楽にする手法で、年間10時間以上短縮できます。

起案書における2つの改善方法

(1) 起案書をシンプルにする

理想の起案書は、重要な情報だけが完結にまとめられたものです。ダラダラと情報を入れると、何が重要なのか分かりません。詳細を見たい上司には、添付資料（申請書など）を見てもらいましょう。

起案スタイルを変更するときは次のように進めると良いでしょう。

①過去の担当者の起案スタイルを確認

②要点だけに絞られた簡潔で作成が容易なものを選定する

③「この起案スタイルに変更しませんか？」と上司の承認を得る

(2) 同じ内容の複数の起案はまとめる

①同じ事業・内容の起案数を文書管理システムで検索して確認

②年に100件を超えるものは1〜2週間に1回の起案にまとめる

※補助金交付や申請許可決定など

③許可や回答期限が早い事業は回答期限を延長する

※上司と相談してルールを変更

「廃止できる起案はやめる」という時短

紹介した（1）（2）以上に、最も簡単で効果的な時短は、**起案をやめ**

ることです。しかし、ずっとやってきた起案をやめるのは、上司もチームも受け入れがたい場合があるので、以下のように十分配慮して進めましょう。

①この起案は本当に必要なの？　と**全ての起案を疑う**
　・庁内だけで完結する依頼文や回答文→**メール**にする
　・外部への提出でも重要でない報告、回答文書など→**簡易決裁**にする
　・公印を押す為だけの起案など→**簡易決裁**にする
②起案が必要な理由を探す、周囲や上司に聞く
③理由が見つからなければ廃止を提案する
　※廃止して不都合が生じることがあれば復活させれば良い

複数の案件をまとめた起案書

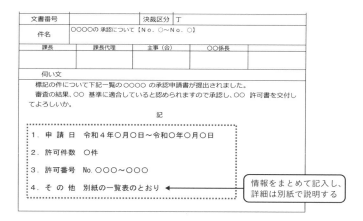

文書番号			決裁区分	丁	
件名		○○○○の承認について【No．○～No．○】			
課長	課長代理	主事（合）		○○係長	

伺い文

標記の件について下記一覧の○○○○の承認申請書が提出されました。
　審査の結果、○○基準に適合していると認められますので承認し、○○許可書を交付してよろしいか。

記

1．申　請　日　令和4年○月○日～令和○年○月○日

2．許可件数　○件

3．許可番号　No．○○○～○○○

4．そ　の　他　別紙の一覧表のとおり ←　情報をまとめて記入し、詳細は別紙で説明する

✋ CHECK

　単純作業になっている起案書には、効率化できるものが多く存在します。一度、作成している全ての起案文書を見直してみましょう。作成する意味を上司と考えてみることで、作成不要になるものがあります。

収受処理はパソコンで管理する

　外部から届いた文書は、受付簿へ記入したり、システムで収受登録したりすることが一般的です。しかし、実はもっと簡単に済ませて、時短に繋げることができます。

収受処理を「パソコンのフォルダ」で行う

　筆者が紙での収受処理をやめてから15年、一度も問題が起きたことはありません。ただし、後に困らない為には、文書の重要性に応じて適切に保存することが重要です。その方法として、**共有サーバーに書類を保存**することをオススメします。それぞれの自治体で使われている共有サーバー（フォルダ）は、定期的にバックアップされていて、データ保護性が高いからです。以下は保存の手順です。

①課のフォルダの中に**年度のフォルダ**を作成
②**業務ごと**のフォルダを作成　※補助事業などは別で作成
③それぞれに庁内、庁外などの**種別ごと**のフォルダを作成
④期限や作成日など、**内容が分かるフォルダ・ファイル名**にして保存

業務マニュアルとしても活用できるように

　上記のように保存をしておけば、人事異動で担当が変わっても、どの時期にどの調査や通知がきて、どう処理したかを明確にすることができます。そして、「フォルダ」は日付順に表示できるので、**1年間を通した「業務マニュアル」としても活用**できるようになります。

国や県から届く調査関係は、前年の同時期を確認すれば瞬時に前回の回答が探し出せ、流用して回答ができることもあります。行革担当者による全庁的な統一が望ましいですが、まずはあなたの所属する係内や課内レベルでの統一をしてみてください。

保存フォルダイメージ

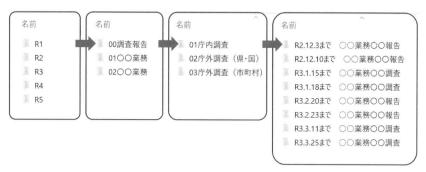

日付順に並ぶので毎年、どの時期にどんな調査があるのかが分かる！

▶ 収受処理を変えるときの注意点

　この方法でデータを保存すれば、簡単にデータ検索ができるようになるはずですが、**念の為事前に関係職員へこの整理方法で問題がないか確認**しておきましょう。業務により最適な保存方法は違うかもしれません。上司や先輩、係員などの整理しやすい方法も取り入れて、皆さんの最適な方法を見つけてください。そうして改善していく方が、この提案も受け入れられやすくなります。

🖐 CHECK

　収受処理は、パソコンのない時代に必要な書類を探し出す為のものでした。今は、適切にデータを保存すれば紙より早く探し出すことができ、単語の検索などより効率良く探すこともできます。

1-3

支払い伝票は半月単位で
まとめる

　毎月の大量の支払い伝票の処理を今よりも大幅に時間短縮できる、とっておきの方法を紹介します。半月単位でまとめて作業を一気に時短しましょう！

大量の支払い伝票はまとめる

　例えば、筆者の所属自治体では、ふるさと納税の業務で、1業者につき1枚の伝票を作成し、30業者分を月2回、合計で月に60枚の伝票作成が必要でした。

　この30業者分を1枚にまとめて支払うよう変更し、伝票の作成回数を**月60回から2回に削減**しました。その流れは以下の通りです。

①財務会計システムで**支払い先の複数登録**ができる機能を確認
②**会計課へ**「まとめた方が会計でのチェックも楽になる」とメリットを伝えて協議
③承認されたら課長に「**押印していただく回数が減ります！**」と報告し、許可を得る
④支払い伝票作成時の支払い先に全事業者を追加して決裁をもらう
　※Excelデータが取り込み可能なシステムであればデータを取り込む

少しの時短でも積み重なると大きな時短に

　1枚数分の作業だからと我慢しているものも、枚数が大量になれば多大な時間を費やしています。**そのわずかな作業も削減を積み重ねると、**

同様に多大な時間を確保することができます。

実際に支払いをまとめた伝票

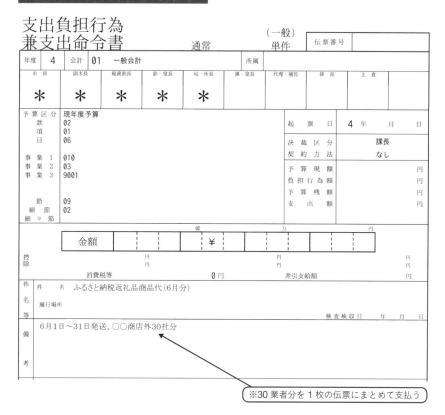

支出負担行為 兼支出命令書		通常		(一般) 単件		伝票番号			

年度 **4** 会計 **01** 一般会計　　所属

市 長	副市長	総務部長	部・室長	局・所長	課・室長	代理・補佐	係 長	主 査
＊	＊	＊	＊	＊				

予 算 区 分　現年度予算
款　02
項　01
目　06

事 業 1　010
事 業 2　03
事 業 3　9001

節　09
細　節　02
細 々 節

起　票　日	**4** 年　　月　　日
決 裁 区 分	**課長**
契 約 方 法	**なし**
予 算 現 額	円
負 担 行 為 額	円
予 算 残 額	円
支　出　額	円

金額	億	￥	万	円

控除　　　　　　　　　　　　　　　　　円　　　　　　　　　　　　円　　　　　　　　　　　　円
　　　　　　　　　　　　　　　　　　　円　　　　　　　　　　　　円　　　　　　　　　　　　円
　　　消費税等　　　　　　　　　**0**円　　　差引支給額　　　　　　　円

件名等　件　名　ふるさと納税返礼品商品代(6月分)
　　　　履行場所
　　　　　　　　　　　　　　　　　　　　　　　　　検査検取日　　年　　月　　日

備考　6月1日～31日発送、○○商店外30社分

※30業者分を1枚の伝票にまとめて支払う

👆 CHECK

　月に2回の請求を面倒だと思っている事業者もいるので、調整できれば月に1回の支払いにまとめることも可能です。また、デジタルの活用や要項の改定で請求不要にできるものもあります。

契約起案は複数の段階を
一つにまとめて行う

工事や委託などの契約を締結する場面において、文書管理システムで起案書類を作っていませんか。財務会計システムにまとめることで、その起案をなくすことができます。

▶ 契約事務の改善前と改善後

以下は、筆者が契約事務を改善する前と後の流れの変化です。ほんの少しの工夫で**「入札案内」**や**「契約」の起案を省略**できます。

改善前

①**予算執行伺い**…案件費用算定書類をつけ財務会計システムで決裁

②**入札執行起案**…入札案内をつけて電子起案システムで決裁

③**入札執行**

④**支出負担行為**…入札結果をつけて財務会計システムで決裁

⑤**契約起案**…契約書を作成して電子起案システムで契約起案

改善後

①**予算執行伺い兼起案**…案件費用算定書類、入札案内をつけて財務会計システムで決裁。このとき、備考欄に「表記の件について別紙のとおり入札案内してよろしいか」と記載

②**入札執行**

③**入札結果後の契約締結**…契約書を作成、「支出負担行為書」を添付して、備考欄に「表記の件について別紙のとおり契約締結してよろしいか」と記載

▶ 意外と多い重複書類

このように、財務会計システムに入札案内や契約締結について記載し、起案書の代わりに決裁をもらいます。同じ内容や同じ金額の情報を、それぞれのシステムで押印決裁するのは、**役所ならではの決裁処理の重複**です。同じ情報を別の様式で作成しているものがないかどうか、自分の身のまわりでも探してみてください。

規模にもよりますが、**財務会計システムの「予算執行伺い」と「支出負担行為」で、ほとんどの起案は省略**できます。「(○○を実施・見積依頼・契約)してよろしいか」などの別起案は廃止しましょう。

契約起案を兼ねた財務会計システムの伝票

予算執行伺・支出負担行為書

伝票番号	

年度	4	会計	01	一般会計	所属	

市　長	副市長	総務部長	部・室長	局・所長	課・室長	代理・補佐	係　長	主　査

予算区分	現年度予算		起　票　日	4 年　　月　　日
款	02	総務費	決裁区分	市長
項	01	総務管理費	執行伺額	円
目	06	企画費		
節	13	委託料	予算残額	円
細　節	37	電算システム導入委託料		
細々節				

	億	万	円
金額		¥	

内税 消費税等　　　　　　　　円

件名等	件　名	○○システム導入業務委託
	履行期間	から　令和 5年 3月31日　まで または　　　　日間
	履行場所	000012　備前市東片上地内

備	表記の件について別紙のとおり見積を依頼してよろしいか。◀	予算執行伺書で見積もり依頼起案
	表記の件について、下記業者と別紙のとおり契約を締結してよろしいか。◀	支出負担行為書で契約起案

☞CHECK

少額なら、そもそも入札や契約が省略できるのに、気付かず作成している部署もあります。会計課や上司は必要なものは教えてくれても不要なものは意外に教えてくれません。一度ルールを確認してみましょう。

回覧物は優先順位を
つけられる職員が管理する

　毎日届く業者からのメールやチラシ、国や県からの照会・通知。そのまま回覧しては絶対にダメです。優先順位をつけて、不要な回覧はやめましょう。

▶ 意外と時間が取られる回覧の確認

　回覧は、たとえその部署・職員にとって意味のない内容であろうと、回ってきた段階では、優先順位がつけられていないので、いったんは全員必要な書類として、ざっと目を通します。

　その無駄な時間は、一人ひとりの時間としては数分かもしれません。しかし、**課員全員が毎日同じことをしていれば膨大な時間**になります。

▶ 回覧書類に優先順位をつけよう

　回覧はしっかり考えて行わないと、部署全体に悪影響を与えてしまいます。そこでまず、**それぞれの書類に優先順位**をつけましょう。

　優先度の高中低、至急度の高中低を意識し、できればその種別ごとに回覧板を分けて回覧していくと、内容を確認する職員の手間が軽減されますし、重要な内容を見逃すリスクも軽減されていきます。また、優先度の低い書類は、そもそも回覧を行う必要がありません。課員の無駄な時間を削る為にも潔く捨ててしまうか、いったん「雑多書類」フォルダを作成し一時的にとっておいて、半年を目途に、何も問題が起きなければ処分するようにしましょう。

　右の回覧表は、優先度が高いものの例です。優先度の低い場合の回覧

表も用意しておきましょう。

回覧処理は職務経験の豊富な職員が担当

　そうはいっても、回覧処理を行うのは大抵、新人や異動したての職員なので、優先順位をつけることが難しいのではないでしょうか。

　そこで筆者が提案するのは、**回覧処理をその部署で最も職務経験が豊富な職員が担当する**というものです。その形であれば、優先度の精度が各段に上がりますし、優先度が高く、至急度が高い書類が手元に届いた際に、すぐに実務行動に移すこともできます。

　また、要らない書類の判断も正確に行うことができ、無駄な書類が部署に回るリスクを大幅に軽減できます。

無駄を省く回覧表の例

回覧表(優先度高)

内容を確認の上、下記に閲覧日を記載し、
サインもしくは押印のうえ次の方までお願いします。

日付	/	/	/	/	/	/	/	/
印								

回覧事項

　○○の件については、締切期限が○日と短いので、
△さんを中心に至急ご確認ください。

CHECK

　上記の回覧表を参考に、サインの欄の数など自分の部署なりのカスタマイズを加え、上司に導入して良いかを確認してみてください。導入できれば部署全体にとっても良い事ばかりなので、是非実践してみてください。

アナログ作業は可能な限り全て電子化する

PCでささっと処理すれば楽なのに、まだ手書きやアナログの処理が残っているということ、ありますよね。あなたが気付いていないだけで、時短できる書類もあるかもしれません。

▷ 目指すは帳簿の全てを電子化

手書き書類を電子化することで、得られるメリットとデメリットは以下の通りです。メリットの方が圧倒的に多いので、全て電子化を目指しましょう！

メリット

・書き間違えてしまっても**消したり移動させたり**できる
・何かを探したいときに**検索機能**で見つけられる
・作成が簡単になる（同じことを書くなら**コピー＆ペースト**）
・**集計や分析、解析**が瞬時にできる
・慣れれば手書きより**断然早い**
・入力必須設定などで**書き漏れが防止**できる

デメリット

・何かの拍子に消えてしまう可能性がある
→対策：**定期バックアップしているサーバー**に保存
・苦手な人もいる（特に上司が嫌がることも）
→対策：最初のうちは**代わりに自分が行う**

⚡ こんな書類も電子化できる！

【窓口での各種交付手数料（下水道管路台帳の写し）の領収書発行】

Excel への必要事項の入力で領収書が作成され、台帳にもなる。

【会計年度任用職員の作業日報】

時間単位で作業を入力して年間の作業量がデータベース化されて、今後の作業日数の予測や業務委託などの検討材料になる。

【大人数の会議やイベント企画の参加者調整】

まず、Excel の参加者名簿を作成して共有ファイルサーバーに入れます。次に職員ポータルの回覧板機能でフォルダのリンクを共有し、各自都合を入力後に回答ボタンを押してもらいます。こうすることで、わざわざ予定を聞いて回る時間が不要で簡単に全員の都合が確認できて効率的な日程調整ができます。

参加者日程調整の画像

	A	B	C	D	E	F	G	H	I	J	K
1	○○会議日程調整							決定日			
2	参加予定者	4月10日AM	4月10日PM	4月11日AM	4月11日PM	4月12日AM	4月12日PM	4月13日AM	4月13日PM	4月14日AM	4月14日PM
3	A課長	○	×	△	○	×	○	○	×	○	△
4	B課長	△	○	×	△	○	×	○	△	×	○
5	C係長	×	△	○	×	△	○	○	○	△	×
6	D係長	×	○	△	○	×	△	○	×	△	○

👆 CHECK

どの自治体にも、手書きやアナログの帳簿は存在します。この改善は、確実に自分の仕事を減らすことができるので、Excel やアンケートシステムなど電子化ができるツールの視野も広げておきましょう！

1-7

紙の資料は全てPDF・テキストデータ化して管理する

　研修資料やマニュアルなどの紙の資料は、置き場所に困りますよね。こうした資料は、電子化して捨てることができます。資料を調べたいときの情報の検索性を向上させるという意味でもオススメの方法です。

▶ テキストデータを含む電子化の方法

　紙の資料を電子化する方法は誰でもすることができます。以下で紹介するOCR機能付き複合機が使えない場合は、スマートフォンのアプリでもテキストデータ化ができる場合があります。iPhoneのカメラ、LINE（「文字認識」機能の活用）、Adobe Acrobat Readerなどが身近な例です。

電子化の方法

①庁内の複合機管理部署へ**OCR機能付き複合機のある部署**を確認

　※OCR（Optical Character Recognition/Reader、光学的文字認識）

②複合機のOCR（テキストデータ化）機能の設定を変更

　…複合機の設定は、**「文字テキスト化」を有効にする**ことが大前提です。ただし、**データが重くなるので通常はOFF**になっていることが多いです。その他、気になることがあれば、複合機メーカーのOCR設定をインターネットで検索して設定してみましょう。**スキャンが終わったら元の設定に戻す配慮も大切です。**

③複合機でスキャンできた紙の資料は**全て廃棄**

電子化したデータを活用する為の工夫

データは、以下のように検索しやすい形で保存することが重要です。

【ファイル名は検索機能に引っかかる文字を複数入れる】

例：R4.11.16　ふるさと納税事務　説明会　配布資料（ルール、基準）

【研修資料などは分野別ごとのフォルダを作成する】

例：「一般」、「文書作成」、「PC 関係」、「下水技術」など

【マニュアルは部署や系列のフォルダを作成して保存する】

例：「下水技術」、「下水料金」、「会計」、「文書」など

こうして保存することで、調べたいことがあれば検索機能で探したりフォルダからすぐに見つけたりすることができます。そして該当ファイルを開いてキーワードを検索すれば、素早く目的にたどり着くことができます。内容をコピー＆ペーストして流用することも可能です。

Word 検索のやり方

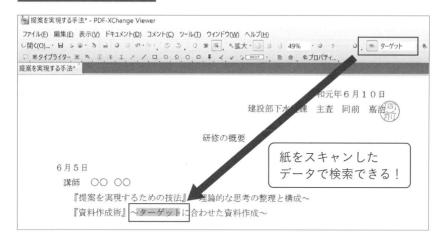

✋ CHECK

研修受講後に資料の電子データをもらうと、スキャンの手間もさらに省けます。また、複合機のリース契約の条件で機能がない場合もあります。有料でつけられる場合もあるので、担当部署と交渉してみましょう！

1-8

アンケート集計はLoGoフォームやGoogleフォームを使う

会議の出欠や意見聴取などのアンケートを、手書きの資料にしてお願いしたり、メールで回答をもらったりしていませんか。これらはWebアンケートにすることで、郵送や集計作業などが不要になります。

▶ Webアンケートの作成方法（Googleフォーム）

まず課や係のGoogleアカウントを取得します。次にGoogle Chromeアプリを起動して、右上にある「Googleアプリ」（9個の点）をクリックし、「Forms」を選択します。画面左上の「新しいフォームを作成」をクリックすれば、どんな質問を作るか選択できるようになります。画面にあるボタンをクリックしていけば作成できます。

自治体用の有料アプリ「LoGoフォーム」も操作はほぼ同じです。導入している自治体はこちらを活用してください。

▶ 実際に電子化しているもの

以下は、実際に電子化しているアンケートの一部です。**アンケートや調査と名の付くものは、ほぼ全て電子化が可能**です。身のまわりに電子化できるものがないか、探してみてください。

- ・住民への意識調査などのアンケート　・イベントへの参加意向確認
- ・各種説明会などの出欠確認　・説明会参加後のアンケート
- ・各種届出書類の電子申請受付　・各種時間指定窓口の予約（○時予約など）
- ・公共施設利用申請

⇒ 簡単作成で効果は絶大

　電子申請や Web アンケートなどを行うことで、**集計作業や分析をする時間が大幅に減ります**。回答人数や回答種別の集計などは自動で計算してくれますし、いつ、どの広告を打ったときに、どのくらい申し込みがあったかなど、広告効果を測ることもできます。回答状況がチームでリアルタイムに閲覧できたり、共同でフォームを編集できたりもするので、一人で考えたり悩んだりすることもなくなります。

LoGo フォームのアンケート入力画面の例

☆　フォーム詳細 - 【マイナンバーカード出張窓口】応援職員募集（R4.12月17、18日）

　❓ 質問項目設定　　🔧 基本情報設定　　⚙ 高度な設定　　👥 権限設定　　🔍 動作確認　　📤 公開　　💬 回答一覧

Q1. 氏名 必須
テキスト入力（1行）
備前太郎

Q2. 部署 必須
テキスト入力（1行）
市民課

Q3. 参加可能（希望）日にチェックを入れてください（複数選択可）
　8：30集合　16：30解散　7時間の時間外勤務
　※本庁から乗合せの際は、8時頃集合
　※管理職は振替対応 必須

チェックボックス（複数選択）
12月11日（日）　日生認定こども園
12月17日（土）　西鶴山公民館
12月17日（土）　香登公民館
12月17日（土）　三石総合支所
12月18日（日）　本庁
12月18日（日）　大淵東自治公民館
12月18日（日）　吉永総合支所

🖐 CHECK

　Web アンケートは集計やグラフ作成などが瞬時にできます。DX 推進担当部署等に確認し、電子申請システムの導入や活用を検討しましょう。驚くほどの爆速処理を体験できます。

1-9

やめて良い書き物事務を
洗い出す

　簡単かつ劇的な業務改善の手法は、「やめる」です。本質としては、やめて良い根拠を見つけてやめるだけの、とてもシンプルでコストもかからない楽な方法です。

デジタルの進化でやめられるものが増えた

　資料を作るように言われてこれまで作っているけれど、いつ誰が見るのか、誰が必要としているのか、と思うことがあります。そんなことを、**勇気を出してやめる**。これが1番簡単、かつ1番効率的な業務改善です。具体的に筆者が成功した「やめる」業務改善は、下記の通りです。あなたの自治体にも、こんな事例がないでしょうか。疑問に思ったら調べてみると、案外やらなければいけない根拠がないものも多いですよ。

【差引簿など】

　財務会計システムを導入していれば、システム内で予算の管理ができているので、アナログでの予算管理は不要です。

【契約台帳など】

　差引簿と同様、財務会計システムを導入していればデジタルの台帳ができているので、Excel などで作る必要はありません。

【各種報告書（簡易なもの）】

　メールや電子ポータル（電子決裁やスケジュール、勤怠管理などの総合アプリ）が導入された時代に、昔のような処理や報告は不要です。

　自治体の考え方によりますが、簡易な内容の場合は、報告書として体裁を整えた書類を作成せず、ポータルサイトのメールや回覧機能で報告します。紙では回せない関係職員にも広く早く周知できるので効果的です。

【議事録】

　議事録も報告書と同様で、簡易なものは体裁など気にせずメモにして必要な人に迅速に回すことで、会議後の展開にも有利になります。

【機器や施設の使用簿や使用申請書】

　ポータルなど電子予約システムがあるなら不要です。いつ、どこで、誰が、何を、なぜ、どのように使うのかが電子で残れば、申請が不要なものもあるはずです。

予約システムの例（テレワーク端末の予約）

【他部署への業務依頼書（工事履行委託など）】

　同じ市役所の職員ですので頼む方の書類作成は不要です。

【下水道管路台帳】

　毎年、下水道が整備される度に大判冊子を300万円かけて作成していましたが、PCの台帳システムで閲覧できるため必要ないのではとの疑問が生じました。根拠法令や他市の状況をコンサルタントから無料で聞き取りして不要だということが分かり、「作らない」というだけで毎年300万円を削減できました。

👆 CHECK

　下水道台帳の事例のように、疑問に思う人がいなければ、ずっと気付かずに無駄に作成されているものもあります。まず疑問に思ったら部署外の職員に聞いてみましょう。その場ですぐに改善できるかもしれません。

COLUMN
1
理想の生活で毎日リフレッシュ

　あなたにとっての理想の生活、理想の毎日はなんですか？　筆者は、背伸びしない、「当たり前」の毎日が理想だと思っています。朝早く起きて、余裕をもって朝ご飯をしっかり食べる。朝出てから、帰るときまで皆に元気よく挨拶していい関係をつくる。人の悪口を言わず、楽しい時間を過ごす。家に帰ってから、やるべきことは早くやる。健康のために食生活には気をつける。外に出て、会話やコミュニティーを楽しむ。その日にあった出来事への反省や感謝の気持ちを持つ。明日やるべきことを少し考えておく。しっかり動いてしっかり食べたら早く寝る。早く寝ることでリフレッシュして翌日も早く起きられる。

　子どもに言い聞かせる話のようですが、これらを一つひとつ守れた自分を思い描いてください。なんだか、今より楽しそうではありませんか？

　そして、一番大切なことは睡眠です。「早く寝る」までの行動の一つひとつは、質の高い、しっかりとした睡眠時間を取るための行動です。体をしっかり動かし、気持ちの良い生活で心をきれいに保ちながら、何か嫌なことがあっても、反省（復習）と明日への目標や期待（予習）を胸にしっかりと眠る。十分な睡眠により、次の日も朝からやるべきことができて時間に追われない、充実した一日になるのです。

　したがって筆者は、「寝る」ことへの初期投資をオススメします。

　つまり、「寝具」へのこだわりです。筆者は以前、寝ることの重要性を説いた本を読んでから、半信半疑でお高めのマットレスを買ってみました。すると使いはじめてから、睡眠の質が劇的に変わり、目を閉じると翌朝までワープするような感覚で眠ることができ、翌朝をスタートできています。

　充実した毎日を送るために、まず睡眠に力を入れてみてはいかがでしょうか。

CHAPTER 2

役所のPCでも超速便利！

パソコン業務の時短術

2-1

使い心地の良いデスクまわりを追求する

　業務で使う道具へ投資をするだけで、劇的に効率が上がります。自分の能力に関係なく、道具をレベルアップさせるだけで誰でも簡単に業務改善が叶います。

▷ 作業効率1.5倍以上！ 「サブディスプレイ」

　インターネットの情報を見ながら資料を作成したり、2つのExcelデータを見比べながらデータ作成したりと、**サブディスプレイがあるだけで業務効率は格段に上がります。**

　自治体によっては、**DX推進部署がモニターを余らせている**こともあるので、使わせてもらえないか問い合わせをしてみましょう。

▷ 意外と効果のある「自分好みのキーボード」

　ブラインドタッチを極めると、WindowsやExcelなど、皆さんが普段マウスで行っている操作も、全てキーボードで、しかも爆速で行うことができます。このとき意外に重要なのが、**「常に同じキーボードを使うこと」**です。自宅や職場で使うキーボードが異なると、位置や大きさが微妙に違い、誤操作の原因になるからです。誤操作のやり直しにかかる時間は1回あたり数秒ですが、それでも一つの資料を作るとなると結構な時間が誤操作によって奪われていることになります。

　筆者は、自宅と職場で同じメーカー同機種のキーボードを使うようにしています。コンマ数秒のわずかなことでも1日数万タイプ、数千クリックしていると、大きな差が出てきます。

⁞ デスクまわりの整理例

　机の上は心の状態を表します。いろいろな物が目に入るだけで脳はエネルギーを消費してしまい、仕事の効率も下がってしまいます。整理された机で仕事をしましょう。

　下記の写真は、筆者の机です。真ん中はメインディスプレイ、右 PC が役所内ネットワーク（LGWAN 回線）、左 PC がインターネット回線です。効率的に LGWAN、インターネットどちらの PC もチェックできるよう、同じキーボードとマウスで入力できるようにしています。また、PC の高さを目線の高さと同じ位置に調整することで、目が疲労せず、机の作業スペースも広げられています。

筆者（同前）の机の画像

🖑 CHECK

　一流の選手や料理人に憧れて、道具にお金をかけるとやる気が出るように、業務の道具にもお金をかけると、なんともいえない喜びがあり、やる気が溢れてきます。ボーナスやセールの時期にぜひ検討してみてください！

2-2

辞書登録機能を使って タイピングの手間を減らす

　PCの「辞書登録機能」を使っていますか？　珍しい人名などを登録したり、短いキーワードから長文を自動で変換させたりできる機能です。2-3で紹介する方法と併せて活用してください。

▶ こんなときに辞書登録機能が便利

　メールなどで定型文を作る際や、**自分の情報**を入力したり、**市長の名前**や連絡先を入力したりするときに有効です。職場のPCだけでなく、自分のスマートフォンにも登録すれば、フリック入力も減らすことができます。

PCでの辞書登録の方法

①画面右下タスクバーの「あ」や「A」を右クリック

②「単語の登録」を選択

③「単語」に出したい言葉を入力（例：〇〇市〇〇部〇〇課〇〇係）

④「よみ」欄に登録する単語の読みを入力（例：ぶめ）

⑤「登録」をクリック

　このように、よく使う文字や文章を登録します。そうすることで2〜3文字を入力して変換するだけで最大60文字までの文字を呼び出すことができます。また、「よみ」に登録する言葉は、あまり使わないものにした方が誤変換を減らすことができ使いやすくなります。

▶ よく使う辞書登録の見本

おせわ：お世話になっております。

いつも：いつも大変お世話になっております。

おはな：お話を伺うことができて大変有意義な時間となりました。

おはべ：お話を伺うことができてすごく勉強になりました。

○○○：○○市の○○でございます。

さっそ：早速に対応いただきありがとうございます。

さそへ：早速の返信をいただきありがとうございます。

いつあ：いつもありがとうございます。

こご：今後とも、どうぞよろしくお願いいたします。

いじょ：以上、どうぞよろしくお願いいたします。

ひきつ：引き続き、どうぞよろしくお願いいたします。

○○：○○　○○（自分の署名を省略2文字で）

じゅしょ（市の住所）：○○○市○○町○○ 1234 番地 5

じじゅ（個人の住所）：○○○市○○町○○ 5432 番地 1

しでん（市の電話）：○○○○－○○－○○○○

じでん（個人の電話）：090 －○○○○－○○○○

じで（自宅の電話）：0869 －○○－○○○○

じし（自分の所属）：○○市○○部○○課○○係

あて○：○○株式会社○○様（よく送るあて名）

○○め：よく送る相手のメールアドレス

しちょ：○○市長　○○○○

☞ CHECK

　ほんのわずかな時間の削減ですが、これを使い続けることで、脳のイライラやモヤモヤをこの先ずっと少なくすることができます。この機能を使っていない人は多いので、是非活用しましょう！

2-3

マウスを使わずキーボードで作業をする

PC操作の基本である「ショートカット」。あなたは、ショートカットをいくつ使えているでしょうか？ ショートカット機能を知るだけで、その後の業務スピードが格段に上がります。

▷ 自治体のPCで大活躍！ Win＋Shift＋Sキー

多くの自治体ではセキュリティーを強化する為にLGWAN回線が使われています。一般のインターネット回線から分離されているため、インターネット上の画像などをLGWANのPCに移す為には、セキュリティーを通す必要があります。このショートカットを使えば5分を無駄にしたり、処理の間に違うことをして忘れたりすることを防げます。

LGWAN・インターネット間の画像転送方法

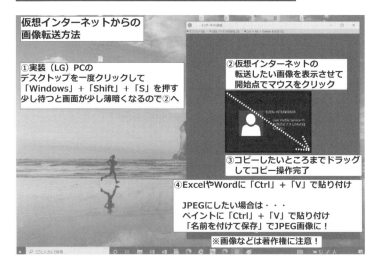

Officeソフトで頻度の高いCtrl＋ショートカット

Ctrl＋Z（直前の作業を取り消す）、Y（Zの取り消しを元に戻す）、X（切り取り）、C（コピー）、V（貼り付け）、B（太字）、U（アンダーバー）、A（全て選択）、P（プリント）、S（保存）、マウススクロール（拡大、縮小）、ドラッグ（コピー）

Excelの達人はマウスを使わない！

Excelでは、「Alt」キーを駆使することで作業が効率化できます。選択範囲の全てに罫線を引く【Alt→H→B→A】などといった便利な操作がありますので、いろいろと試してみてください。

また、以下のExcel用ショートカットキーも便利です。

Ctrl＋矢印キー（入力されている最後（端）のセルを選択）
Ctrl＋Shift＋矢印キー（選択セル〜端のセルまでの範囲を選択）
Shift＋クリック（選択セル〜クリックしたセルまで範囲選択）
【F4】（直前の操作を繰り返す）
Ctrl＋Shift＋"＋"（セルや列を挿入）
Ctrl＋"；"（今日の日付を入力）
Ctrl＋Enter（選択セルへ一括入力）
Ctrl＋D（一つ上のセルをコピー）
Ctrl＋R（一つ左のセルをコピー）

CHECK

まだまだ私も使いこなせていないものがたくさんありますが、知れば知るほど時短になるのがショートカットです。とにかくいろいろなキーを試して押して、学んでみましょう。

2-4

単純計算など Excelでできることを増やす

実はExcelの関数やマクロを使えば、事務作業にかかる時間を大幅に短縮できます。事務職でも技術職でも、Excelの技術を知るだけで作業効率が10倍になるといっても過言ではありません。

まずは足し算や掛け算など簡単な関数から練習

Excelの関数を使いこなすと、作成に1日かかっていたものを30分で終わらせることができます。まずは、例えば支払い明細表や支出管理などの資料を作成するときに、Excelで下記の関数を使い計算してみましょう。電卓でいちいち計算しては、いつまでたっても終わりません。

また、VLOOKUPなどはよく使われます。データベースから許可証や認定証などの様式を自動作成する際などに必須となる関数です。Excelも進化していて、今ではXLOOKUPという関数も使えるようになっています。

Excelを使った足し算のやり方

①セルに「＝」を入力
②セルを選択し「＋」※を入力
③セルを選択し Enter　　→足し算
※「－」→引き算、「＊」→掛け算、「/」→わり算

オススメの機能「ピボットテーブル」「マクロ」

基本ルールとして、**一覧表やデータベースを作成する際には、「セル**

の結合」をしてはいけません。自動集計ができなくなるからです。セルの結合をしていないデータであれば、**どんな集計作業もできる「ピボットテーブル」**が使えます。

ピボットテーブルの最大の特徴は、関数を使用せずに集計作業ができることです（詳細は 2-5 参照）。

また、「マクロ」も公務員ならば覚えた方が絶対にお得です。難しそうに感じるかもしれませんが、簡単です。**「マクロの記録」**という機能を使えば、**自分が行った処理をそのまま保存（記録）して、その同じ処理をボタンひとつで再現**してくれます（詳細は 2-6 参照）。

上級者になるとプログラムで自動処理も

さらに上級者向けですが、**VBA（プログラム機能）**も便利です。これができると、マクロの記録で行ったような処理を自分で組み立てる（プログラム）ことができます。また、マウスの処理では不可能な処理も、**プログラムで一気に実行**することが可能になります。

これを学ぶには好き嫌いがあったり、時間がかかったりするので、無理にやる必要はありません。しかし、自分の時間が確保できる場合、**勉強してみる価値はあります。**

また、自分ができなくても、得意な人に「こういうことがしたいので、どうにかしたい」と伝えると、喜んでプログラムを作ってくれます。案外、自分の得意なことで頼られるのは嬉しく、苦痛にならないものです。

もし助けてもらえたら、**自分の得意分野で何かお返しをしましょう。**助け合いの輪ができれば、他のことでも協力できる関係性になれます。

☞ CHECK

脱 Excel として、ノンプログラミングの「キントーン」や「RPA」などのソフトが出ていますが、まだ Excel の処理速度には追いつきません。時間のあるときに勉強してみましょう！

2-5

データ集計にはExcelの「ピボットテーブル」を使う

前項に続き、Excel の作業を爆速化させるのが「ピボットテーブル」です。使い方は簡単なので、ぜひ集計作業などで使ってみてください。その効果に感動するはずです。

関数不要で瞬時に集計できるピボットテーブル

ピボットテーブルを簡単に説明すると、**「爆速の集計システム」**です。関数を組み立てる必要がなく、データ項目を直感的に選択していくだけで、いろいろな集計表を作成することができます。**月次集計や成果実績の分析**などの作業でオススメです。

ピボットテーブルの作成方法（Microsoft Excel 2016 以降）

① Excel で作成していた表の左上から右下まで全てを選択して、「挿入」タブから「テーブル」をクリック

②表の中の適当な場所を選択して「挿入」タブで「ピボットテーブル」をクリック

③出てきた表をクリックして、画面右側に出てくる「ピボットテーブルのフィールド」の項目を、行や値のところにドラッグ（マウスをクリックしたまま引っ張る）して入れる

④右上の画像のように、行に入れた項目ごとに自動集計される

このように、関数を組み立てる必要なくデータの集計を瞬時に行うことが可能になります。**「先月のあの数値の合計を出してくれ」**などの上司の突発的な指示も、瞬時に終わらせることができる魔法の機能です。

年度	部門	サービス	予算（万円）	実績（万円）	住民数	施設利用者数
2021	教育	小学校	5000	4800	30000	7000
2021	教育	中学校	4000	3850	15000	5500
2021	保健福祉	保健センター	3000	2800	50000	10000
2021	保健福祉	介護施設	2000	1950	10000	4000
2021	環境	ごみ処理	2500	2450	60000	0
2021	環境	リサイクル	1500	1400	60000	0
2021	公共施設	図書館	1000	980	60000	12000
2021	公共施設	公園	500	490	60000	20000
2022	教育	小学校	5200	5100	31000	7100
2022	教育	中学校	4200	4100	15500	5700
2022	保健福祉	保健センター	3100	3050	51000	10200
2022	保健福祉	介護施設	2100	2050	11000	4200
2022	環境	ごみ処理	2600	2550	61000	0
2022	環境	リサイクル	1600	1580	61000	0
2022	公共施設	図書館	1100	1080	61000	12200
2022	公共施設	公園	600	580	61000	20500

行ラベル	合計 / 施設利用者数	合計 / 予算（万円）
環境	0	8200
2021	0	4000
2022	0	4200
教育	25300	18400
2021	12500	9000
2022	12800	9400
公共施設	64700	3200
2021	32000	1500
2022	32700	1700
保健福祉	28400	10200
2021	14000	5000
2022	14400	5200
総計	118400	40000

ピボットテーブルでグラフもかんたん作成！

　また、**各種実績集計や分析用のグラフも瞬時に作成**できて、データが更新されても**すぐに修正**が可能です。資料にグラフがあると、内容が理解されやすくなり、**新たな説明が不要になる**時短にも繋がります。

ピボットグラフの作成方法（Microsoft Excel 2016 以降）

①表を選択して「挿入」タブから「ピボットグラフ」を選択
②「ピボットテーブル」と同様に右側の表に項目をドラッグ
③作成されたグラフで右クリックして「グラフの種類の変更」で選択

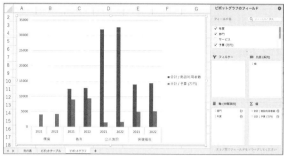

🖱 CHECK

　ピボットテーブルを使いこなすには、データの作成方法に注意が必要です。作成する表でセルの結合をすると使えなくなりますので、作成の段階からピボットテーブルを意識しておきましょう。

2-6

Excelの簡単な繰り返し処理は 「F4」と「マクロ記録」

Excelで作業をしているときに、同じ作業ばかりを繰り返す為にマウスを使っていませんか。そんなときに簡単に繰り返し作業をしてくれるのが「F4」キーと「マクロの記録」です。

事前の操作を繰り返す「F4」キー

(1)**「行の挿入」**をする

　　①行を選択　②右クリック　③「挿入」をクリック

(2)**「F4」キーで繰り返し処理**をする

　　①行を選択　②「F4」キーを押す

これで同じ処理が実行され行の挿入がされます。

　直前の操作を繰り返すことができるのが「F4」キーです。行の挿入以外にも文字色の変更や罫線の挿入、文字の貼り付けなど、ほとんどの動作の繰り返し処理が可能になります。セルの書式設定の変更や、文字のフォント変更など、何度もクリックせずサクサクと作業できます。

　「F4」キーで繰り返せるのは、ひとつの動作だけですが、「マクロの記録」であれば自分が行った処理を記録して複数の動作を繰り返すことができます。これにより、少し処理が面倒なことも自動で行うことができます。VBA（プログラム機能）の少し手前の技になるので、この後の項目で説明していきます。

「マクロの記録」のやり方（Office 2016以降）

マクロを使う準備

「ファイル」＞「オプション」＞「リボンのユーザー設定」＞「開発」
にチェックを入れると、上に「開発」タブが表示されます。

「相対参照」で記録

「表示」タブ＞「マクロ」＞「相対参照」をクリック＞「マクロの記録」

「マクロ記録」例

　ここでは行の削除を登録してみます。Web上の表などをコピー＆ペー
ストして空白行が1行ずつできてしまった場合の削除方法です。

　空白行のセルを選択＞「マクロの記録」をクリック＞「Ctrl」＋テンキー
　の「ー」で行全体を削除＞「↓」キーで空白行へ＞マクロの記録の
　停止

　その後に空白行のセルをクリックして、ショートカットキーを押して
実行していきましょう。魔法のようにサクサクと行が消えていきます。
　作ったファイルの保存は、「マクロ有効ブック（xlsm）」を選択し、
開くときに「有効」を求められたらクリックして許可してください。

CHECK

　こんなことができるということを知っておくと、何か面倒な作業が発生
したときに時短につながります。思ったことはどんどん試してみましょう。
使って試すことで技が増えて時短が進みます。

2-7

Office系ソフトはGoogleアプリと互換しながら使いこなす

誰かと共同作業をしたいと思ったときに、誰でも簡単に作業を開始できるのがGoogleアプリです。しかも、かなり優秀なので使わないと損です。

無料なのに!?　こんなに進化したアプリ

いつでもどこでも場所を選ばず作業ができて、チームと共同編集も可能。職場でも家でも通信環境さえあれば、思いついたことを形に残せる。しかも無料で使えるのがGoogleアプリです。全て無料でWordやExcel、PowerPointに近い編集ができます。そしてOfficeデータとの互換性もあります。

【PowerPoint ➡ Google スライド】

Googleスライドでは、PowerPointのようなプレゼンテーション資料が作れて、プレゼン中にスマートフォンで画面を見ながらページ送りなどの操作もできます。**内部での企画提案資料**などにも使うことができます。しかもテンプレートが豊富でデザインも良質です。プレゼンしたい内容に合わせてテンプレートを選んで、見本の流れに沿って書き換えていくだけで、かなりのクオリティになります。

【Word ➡ Google ドキュメント】

GoogleドキュメントでWord資料が作れます。そして、**作成や編集時の誤字チェック機能**がWordより優れています。文章力に自信のない方も、これで正しい文章が作成できます。また、共同編集作業にも優れています。この書籍もGoogleドキュメントを利用して執筆しています。

【Excel ➡ Google スプレッドシート】

　Google スプレッドシートで Excel 資料が作れます。マクロや VBA は作成できませんが、関数なども使えるので、**簡単な収支表やスケジュール表、帳簿関係の書類などであればこれで十分**です。
※ Web での個人情報の取り扱いは、注意しましょう。

Google スプレッドシートの例

Google ドキュメントの誤字チェック機能

　特に優秀なのが**誤字脱字のチェックと予測修正の機能**です。以下のように、「自身」は「自信」だと変換ミスの修正案を提示してくれます。脱字などにも対応していて、ミスの多い人には最高のツールです。

Google ドキュメントの例

Word　⇔　Google ドキュメント
　Google ドキュメントで Word 資料が作れます。そして誤字チェック機能が Word より優れています。文章力に自身のない方も、これで正しい文章が作成できます。また共同編集作業にも優れています。この書籍も Google ドキュメントを利用して執筆しています。

自信の　⊗　!

✋ CHECK

　スマートフォンを利用している方は、ほとんどが Google のアカウントをお持ちではないでしょうか。いつでも誰とでもリアルタイムで情報共有や共同編集が可能です。ただ、誤編集などもあるので共有には制限をかけるなど注意も必要です。

予算がないと諦める前に
フリーソフトを使いこなす

PC の有料アプリやソフトが使えなくても、無料で同じ機能の代わりになるものがあります。情報部門に確認して使ってみましょう。

▶ 無料のソフトでも使い方次第で有料と同じ作業が可能

　有料のソフトとまったく同じ広範な機能は使えませんが、複数のフリーソフトを組み合わせて使うことで、**有料と同じ機能まで近づける**ことができます。ただし、フリーソフトはインストール時に不要なソフトまで入ることがあるので、注意してください。

【事務職、技術職共通で必須のソフト】

PDF 関係

CubePDF…PDF を作成するときの追記機能がある。作成する際に追記したいファイル名と同じにすると、作成したページが結合でき、後で結合が不要。

PDF エクスチェンジャー…書き込みが簡単で読み込み速度が早い。他の PDF ソフトで PC が固まったり、印刷設定が他のファイルで思うようにならなかったりするときにも便利。

CubePDF Utilty…PDF データの結合や、ページの移動や分割などが自由自在。

地図関係

Google Earth…住民説明会や関係者への場所の説明など現地のイメージを伝えるときの立体的な地図を作りたいときに最適

【技術職必須のソフト（事務職も使えると便利）】

CAD 関係

Jw-cad…言わずと知れた定番 CAD

HO_CAD…測量座標計算や丈量図の作成に有利な CAD

SketchUP…Google が作っている無料の 3DCAD。プライベートでの
DIY などでも活躍！

Twinmotion…「SketchUP」で作図したデータを取り込むだけでプ
ロ級の仕上がりに

画像編集関係

GIMP…Adobe イラストレーターと同様の機能が使える

Inkscape…LINE スタンプなどの画像を作成できる多機能な絵が描け
る無料ソフト

【その他、入れておくと便利なソフト】

LINE（PC 版）…業務で業者と LINE を使うなら PC にも入れておけ
ばメッセージのやりとりが断然早い！

紙 copi Lite…メモや連絡先などの記録に便利。とにかく起動が早く、
検索も簡単、保存処理が不要。必要な情報の呼び出しが爆速。

IP Messenger…同じ LAN 内で「IP Messenger」使用中のユーザー
と高速でメッセージの送受信が可能

👆 CHECK

　フリーソフトだからこそ、小さな役立つポイントがたくさん埋もれてい
ます。これら以外にも自分の業務に合ったソフトがあるはずです。情報部
門の担当者と確認して、利用可能なものは利用しないと損です。

2-9

タイピング・音声入力をマスターしてアウトプットを時短する

　文書主義といわれる通り、公務員が行う仕事で切っても切れないのが書類作成です。書類作成には、図表や画像を使うこともありますが、必ず必要なのが文字入力です。

侮るなかれ、タイピングの威力！

　文章を作る為には、必ずタイピングをします。ということは、**タイピングが早くなれば、確実に仕事が早くなる**ということです。音声入力などの技術も向上していますが、完璧な音声入力になるには、まだまだ時間がかかります。そこで**重要なのが、タイピング力**です。タイピングが速い人と遅い人では、書類作成時間が大幅に変わります。

タイピングが遅い人　1時間で800〜1000文字
タイピングが速い人　1時間で2500文字以上

　タイピングで2〜3倍、仕事の速度が変わります。誰でも練習さえすれば身につけることができるので、是非練習をしてみてください。

練習しないとできないブラインドタッチ

　タイピングに必要なのは、ブラインドタッチ、つまりキーボードを見ないで入力することです。ブラインドタッチが練習できるサイトやゲームがたくさんあるので、自分に合ったものを探してみましょう。

寿司打 回転寿司に見立てて文字入力していくゲーム

my Typing 好きな歌詞などを打ち込み、共感しながら練習

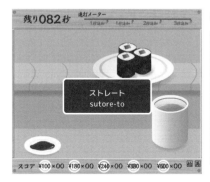

スマートフォンの音声入力は優秀

　タイピングが苦手という方で、すぐにでも効率化したい方は、**音声入力の活用**も有効です。通勤時の運転中にアイデアを思いついた際などは、スマートフォンのバーチャルアシスタントに呼びかけて（iPhoneなら「ヘイ、Siri！」のように）、アイデアをスケジュールに登録して、そのときになったら通知してもらうこともできます。

　誤変換が全くないわけではありませんが、変換処理もどんどん優秀になってきているので、是非音声入力をオンに設定してみてください。

✍ CHECK

　ブラインドタッチは、練習すれば誰でも必ず上達します。上達してカタカタと入力を素早く、またノーミスで打つことができれば、快感が得られ、長文の作成も楽しくなります。

2-10

AI技術に頼る（①導入編）

　調べたいことをインターネットで調べても、なかなか答えが見つからず時間を費やしてしまうことがよくあります。そんな悩みを解決してくれるのが、AIチャットボットです。無料で使えるAI「ChatGPT」を紹介します。

まずはChatGPTのアカウント登録を

　ChatGPTの使い方はとても簡単です。「https://chat.openai.com/chat」のサイトへ行き、メールアドレスと電話番号だけで簡単に会員登録ができます。登録すると、チャット画面からいろいろな質問をすることができ、AIから回答が得られるようになります。

　このChatGPTは、有料版もありますが、無料でも使うことが可能（執筆時の2023年2月現在）ですので、使えるようにしておくと時短できることがたくさんあり、便利です。

ChatGPTでできること

　ChatGPTは、いろいろな使い方があり使う人により得られるものが違います。次項以降でも説明しますが、筆者はExcelでの利用に価値を感じています。その他にも文章の作成や要約、補完などができます。

　AIは、今後の自治体業務のあらゆる分野での革新に繋がることが期待されていますが、ChatGPTを利用できるようになり、気軽にAIで個人レベルの業務改善ができるようになりました。

　今後もAIの技術は進化するので、早い段階で慣れておき使いこなす技術を習得しておきましょう。

AIだから、どんなことでも質問できる

社会人になってこんなこと恥ずかしくて聞けないとか、先輩たちが忙しそうだから聞きづらい。そんなときにはAIに聞けば恥をかくことなく解決できます。また、些細なことから自治体職員や自治体の未来のことまで、社会情勢を踏まえた将来予測により、助言をもらうことができます。

今後の自治体職員に必要な能力を質問してみた結果

自治体職員は今後どのような能力を習得する必要がありますか ➤

自治体職員が今後の社会に適応するために習得する必要のある能力は以下の通りです。

1. **デジタルスキル:** 自治体職員は、デジタルツールやテクノロジーを活用して効率的に仕事を行うことが求められます。
2. **コミュニケーション能力:** 自治体職員は、異なる文化や背景を持つ人々とのコミュニケーションを円滑に行うことが求められます。
3. **プロジェクトマネジメント能力:** 自治体職員は、複数の課題を同時に処理し、効率的かつ効果的にプロジェクトを遂行することが求められます。
4. **問題解決能力:** 自治体職員は、問題を分析し、効果的な解決策を見つけることが求められます。
5. **チームワーク:** 自治体職員は、仲間と協力して仕事を行うことが求められます。

これらの能力は、自治体職員が社会の変革に適応し、今後の課題に対応するために不可欠です。

👆 CHECK

幅広い質問に対して瞬時に回答が得られますが、不思議な回答もあるので注意が必要です。しかし、再度質問を繰り返すことで正しい答えが得られることもあるので、その過程も楽しみましょう。

AI技術に頼る(②Excel関数編)

Excel の関数などで分からないことがあれば、ChatGPT に聞くだけで高度なことも解決してくれます。周りに Excel の得意な人がいなくても、ChatGPT で解決できる裏技を紹介します。

質問するだけで関数を自動で生成

筆者が ChatGPT に驚愕したのは、Excel での活用です。Excel で業務を改善する場合に、関数や VBA のプログラムを勉強する必要がなくなる時代になりました。改善したいことを質問するだけで AI が関数を作ってくれて、それを Excel に貼り付けるだけで自動処理が完成します。

一つの質問で完璧な関数が完成するわけではありませんが、作成された関数を使ってみて、不具合や求めているものとの違いがある場合、再度質問してまた試すということを繰り返せば、難しい関数でも完成させることができます。

困ったことや面倒だと思うことを聞いてみる

どんなことでも、相手のことを考えずにいつでもどこでも聞けるのが AI の優れたところです。疑問や困っていることはなんでも聞いてみると、便利な機能を教えてくれます。例えば、「Excel で何度も同じ数値を入力するのが面倒」と質問します。すると入力したいセルを「Ctrl」キー＋クリックで選択し、選択されている状態で数値を入力し、「Ctrl」＋「Enter」キーを押すように案内されます。これで選択した全てのセルに同じ数値が入力され、面倒が解決されます。

【関数を教えてもらう】

やりたいことを質問するだけで以下のように解決してくれます。

やりたいことを実現するための関数について質問してみた結果

Excelには、データをフィルタリングするための関数がいくつかあります。最も一般的なものは「IF」関数と「Filter」関数です。

「IF」関数を使用する場合:

```less
=IF(A2="条件1", "該当する値1", IF(A2="条件2", "該当する値2", "その他の場合の値"))
```

この「IF」関数は、A2セルの値が「条件1」の場合は「該当する値1」、「条件2」の場合は「該当する値2」、それ以外の場合は「その他の場合の値」を返します。

「Filter」関数を使用する場合:

```less
=FILTER(A2:A10, B2:B10="条件")
```

この「Filter」関数は、B2からB10までのセルの値が「条件」に一致するA2からA10までのセルの値を抽出します。

このような方法を使用すれば、大量のリストから条件を指定して該当する人を抽出することができます。

👆 CHECK

質問を具体的にすることで正しい数式が得られやすくなります。
Excelの表をコピーして貼り付けて質問することもできるので、いろいろな質問の方法を試してみましょう!

2-10

AI技術に頼る（③Excelマクロ・VBA編）

2-6で紹介しましたが、Excelで最も時短効果が高いのがマクロです。このマクロを作る為のVBAコードの習得には高い壁がありましたが、ChatGPTで簡単にVBAコードが作れるようになりました。

まずはExcelのマクロ（VBA）を使う準備

「ファイル」＞「オプション」＞「リボンのユーザー設定」＞
「開発」にチェックを入れると、上に「開発」タブが表示されます。

VBAを登録、実行する方法

① 「開発タブ」＞「VisualBasic」
② 「挿入」＞「標準モジュール」
③ 標準モジュール画面にコードをコピー＞「×」ボタンでVBA終了
④ 「表示」＞「マクロ」で作ったマクロを選択実行

⋗ VBAコードを自動で作って実行

　ChatGPTで質問して回答で得られたコードを標準モジュールにコピーして実行します。すると単純作業が繰り返し行われて作業を自動化できます。

Excel　VBAコード　先頭行からD列、E列、F列のデータを切り取る
一つ下のA列、B列、C列に挿入してD列、E列、F列のデータがなくなるまで1行ずつ繰り返す

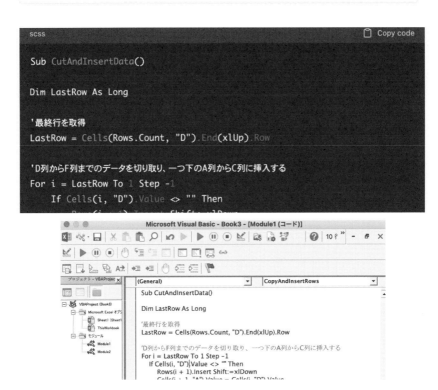

👆CHECK

　VBAは意外と簡単に使えます。しかし、実行した後は戻る処理ができないので、必ずデータのコピーを作成してから実行しましょう。正確に動かない可能性もあるので、何度も試して完成させましょう。

COLUMN
2　　家事も徹底効率化と自動化を

　「お金持ちになりたかったら、自分に投資をしなさい」。あるテレビ番組でお金持ちになるための方法として紹介された言葉でした。そこから筆者は、本を読んだり、資格を取得したりと勉強するようになりました。

　しかし、本を読んだり勉強をしたりするには、自分の時間が必要です。この時間を作るためには睡眠を削るか、趣味の時間を削るか、家族との時間を削るかです。どれが良いでしょうか？　正直どれも嫌ですよね。

　では、どうすれば時間を作れるか。筆者は技術士の資格を取得するために2年間で1500時間以上を費やしました。これだけの時間を作るには全てを犠牲にする必要があります。しかし筆者は、「家事をしない」ための先行投資のおかげで時間を捻出できました。その一例を紹介します。

- **自動掃除機**　ボタンを押すだけで、そこそこキレイにしてくれます。
  - →削減時間　掃除機　年50回×15分÷60分＝年約12時間
- **洗濯乾燥機**　電気代はかかるものの、入れておくだけでふわふわです。
  - →削減時間　洗濯干し　年200日×20分÷60分＝年66時間
- **食洗機**　ピカピカに除菌できて、水道・ガス代は手洗いより安いです。
  - →削減時間　食器洗い　年300日×20分÷60分＝年100時間
- **24時間保温炊飯器＋無洗米**
  - →削減時間　米炊き洗い　年100回×10分÷60分＝年約16時間
- **電気フライ調理器、電気圧力鍋のボタン押すだけ自動調理器**
  - →削減時間　調理時間　年30回×20分÷60分＝年10時間
- **ノーアイロンシャツ**
  - →削減時間　アイロンがけ　年200日×10分÷60分＝年33時間

　まだまだ時短術はありますが、これらの合計だけでも年間約237時間を捻出できたことになります。是非、身近で時間がかかる家事をなくしていってください。

CHAPTER **3**

自分もチームも生産性アップ！

スケジュール・タスク管理法

3-1

移動はできる限り
1日にまとめる

本書で一番取り組みやすい時短術が、「移動時間の削減」です。そんなことかと思うかもしれませんが、1分1秒を意識するだけで、大幅な業務時間の短縮を実現できます。是非試してみてください。

外出は1日にまとめる

外出は、削減できる時間の宝庫です。車を運転するなどの移動時間をいかに減らすかで、1年間に生まれる時間は数百時間にもなります。

しかし、どうしても外出しなければならない仕事ももちろんありますよね。そこで、**外出の予定を入れる際には、木曜日や金曜日など、1週間のうちで体や頭が疲れてクリエイティブな業務への効率が下がったときを狙いましょう。**1日1回30分の予定をこなす為、往復30分の移動時間を費やしていると、5日で150分の移動時間ですが、それを週に1回にまとめると30分で済む為、120分も時間削減になります。行く場所にもよりますが、まとめることで確実に移動時間は削減できます。

もちろん外出の予定は、自分の都合だけではなく、相手の都合なども考えながらまとめましょう。無理矢理なまとめ方は相手に迷惑をかける場合もあるので注意しましょう。業務の調整力や気遣いなども身につきます。

書類は持って行かない

書類などを渡すためだけに外出をする人がいます。本当に押印が必要な書類かどうか確認しましょう。不要であればメールで送りましょう。

押印が必要なもののうち、郵送で終わるものであれば、**直接出向くのではなく郵送**しましょう。

　自治体内の職員のスケジュールを見て、**近くへ行く職員がいればその人にお願いする**ことも有効です。しかし、人にお願いするばかりではなく、普段から外出時に周囲へ「どこかへ持って行くものがあれば言ってくださいね」と声をかけておきましょう。

実際のスケジュールの見本

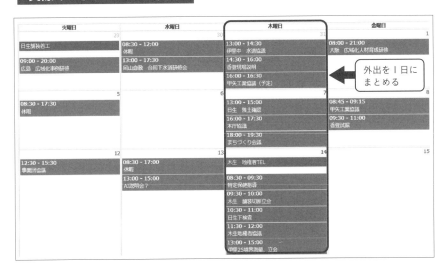

☞ CHECK

　常に時間を無駄にしない意識を持ってみましょう。意識をするだけで、自分の行動が効率化されていきます。そして時間が削減できたら、その分は早く帰って自分へのご褒美の時間を作りましょう。

業務が多すぎるときは「即さばき」と「TODOリスト」

　日々降りかかる無数の業務。頭の中だけで考えていると忘れたり、効率的に実施できなかったりします。「即さばき」と「TODOリスト」を意識して活用しましょう。

▶ まずは即さばくことを意識しよう

　日々の業務指示は、**原則後に残さず、即さばいて処理**しましょう。

　例えば、上司に他市の事例を調べてくれと言われたとき、「他市にメールしようかな」「ホームページで関連しそうな資料を探してみようかな」「TODOリストに書こうかな」と悩む前に、**他市の担当に即電話**しましょう。その内容を上司に報告すれば、悩んでいる時間で一つの仕事が終わります。

　パッと空いた隙間時間でもやれることはたくさんあります。以下、10分、5分、1分以内でできることをあげてみました。時間が少ないからと作業をストップするのではなく、常にできることをこなしましょう。

10分あればできること

・簡単な電話連絡　・メールの返信　・簡単な決裁　・上司への報告
・マニュアル作成進行　・業務改善検討

5分あればできること

・メールでの簡単な返信　・上司への簡単な報告
・業務スケジュールの組み立て　・通知などの受付　・回覧処理

・チャットツールでの簡単な返信　・当日のスケジュール確認
・メールの受信確認

▶ TODOリストの作り方

即さばきが難しい場合のみ、TODOリストで管理するようにしましょう。

やることをバラバラと羅列するのではなく、3時間以上、1時間以上、1時間以内とやることを時間別に分けるようにしましょう。

3時間以上かかること（例）

・議会答弁作成（10月1日〆）　・担当業務行政報告書作成（10月2日〆）　・決算統計用根拠資料作成（10月4日〆）
・業務実施マニュアル作成（10月中）

1時間以上かかること（例）

・○○イベントの告知ホームページ作成　・SNS発信（10月1日〆）
・○○（新規事業）の決裁作成（10月2日〆）

1時間以内にやること（例）

・○○イベントの告知、広報原稿作成・提出（10月1日〆）
・○○（継続事業）の決裁作成（10月2日〆）

☝ CHECK

原則、仕事は悩む前に即動き、即さばくことに慣れましょう。どうしても後に回す場合は、TODOリスト化して業務項目を整理し、効率的な実施を行います。業務マニュアル作成、業務改善方法の検討も行いましょう。

脳を使う仕事は
午前中に回す

効率的な業務実施の為に、「脳の使い方」を意識しましょう。「なぜか疲れた」ということが減ります。何となく目の前の業務をやるのではなく、1日の中で業務の割り振りを行いましょう。

▶ 午前中に頭を使う業務を

脳は、1日を通して疲弊していき、能率が落ちていきます。朝一番と夜では、圧倒的に朝の方が、脳はクリアに働いていると常に意識しましょう。したがって、なるべく**午前中に脳を使う作業**を行うようにするべきです。そこで重要になるのが、**自分の行う業務を「思考業務」と「単純業務」に切り分けていくこと**です。

慣例で通知や営業資料の受付・回覧、メールの確認・回覧の作業を朝一番で行っていることが多いですが、それらの作業は脳を使う作業ではないので午後に回すようにしましょう。

思考業務（午前中に行いたい業務）

・決裁資料作成
・議会答弁作成
・会議資料作成
・マニュアル作成、業務改善の検討

単純業務（午後に回したい業務）

・通知などの受付、回覧処理
・メールの確認、回覧処理

⯈ 脳に余計な情報を与えない工夫

　朝起きてから様々な情報にさらされる度、脳は判断を求められ集中力や判断力が低下します。**朝の通勤時間にスマートフォンを眺める**だけでも落ちていきます。業務中も、スマートフォンは目のつく場所からなるべく離しましょう。毎日決まったルーティンで朝を過ごし、着る服も前日に決めておくなど、脳に無駄な判断をさせないようにしましょう。

⯈ 夜の残業より、朝の早出を

　本書に書かれていることを実践していただければ、残業をすることがだいぶ減っていると思います。それでも、残業しなければならないほどの業務量を抱えてしまったときは、可能な限り、**朝早く出勤**するようにしましょう。

　前述の通り、脳が一番活性化しているのは朝なので、その有効な時間を活かすという意味もあります。また、誰もいない庁舎で仕事をしていると、物音も話し声もなく、問い合わせが来ることもなく非常に集中して仕事を行うことができます。

　筆者の所属自治体では、朝の早出分もしっかり残業として認めてくれていたので、残業代が不当に支給されないということもありませんでした。

　夜ダラダラ疲れた脳で残業するより、朝早く出勤し、フレッシュなうちに業務を片づけてしまいましょう。

☞ CHECK

　脳の疲れによる業務能率低下を馬鹿にしてはいけません。いかにフレッシュなうちに大事な仕事を終わらせるか。計画的に脳を使ってあげましょう。

残業や休暇の申請は
スケジュールから考える

　残業や休暇の事前申請はできていますか？　これらをきっちり行えば業務やプライベートの調整力を身につけられ、休みやすくなります。積極的・計画的に残業や休暇の事前申請をしていきましょう。

▶ 事前申請の為の計画が調整力を磨く

　近年は、職員ポータルの機能で申請関係の電子化が行われ、これまでルーズだった残業の申請を事前にしなくてはならなくなりました。しかし、いまだに残業の申請は事後に、休暇の取得は前日か当日という職員も多いようです。

　筆者は、きちんと仕事をこなしたうえで、休暇を 20 日近く取得しています。その為には、**年間の業務スケジュールを作り、急な業務への余裕を持ちつつ業務の調整をする**ことが大切です。残業や休暇のスケジュール調整は、以下のような流れでやると良いでしょう。

確実に休暇を取るためのステップ

①上司に業務量を確認して**自分の 1 年の業務リスト**を作成する

②業務の**年間スケジュール**を作成し、進捗を見える化する

③**1 か月の目標**を毎月自分で作って、日々確認する

④**1 週間、1 日のスケジュールの目標**を立てる

⑤休めそうな日の **2 週間〜1 か月前に休暇の予定**を入れる

⑥**休暇までの必須業務（TODO）**を設定してスケジュールに登録する

⑦進捗の悪い業務は同僚や上司に相談する

⑧ TODO が達成できそうになければ残業をするか係長に応援を要請

①年次休暇と同様に業務をリスト化する

②業務の処理期限を設定してスケジュール登録する

③処理しきれないものが出てきたら上司へ相談する（3日以上前に）

④係長や係員のサポートが難しければ残業申請する

⑤サポートが受けられたら残業申請はしない

予定と目標の設定、定期的な確認と修正が大事

目標を設定すると、達成する方法を考え、**自然と業務改善**ができるようになります。業務量を全て確認すれば、これまで要していた時間や期間と自分がやった業務効率の比較ができます。この比較で、自分のやり方が正しかったのか、正しくなかったとしたら何を改善すべきかが見えるようになり次に繋がります。これを繰り返して、自分の能力を高めれば、おのずとワークライフバランスは整っていきます。

実際の例：業務処理期限（下水道課　工事発注スケジュール）

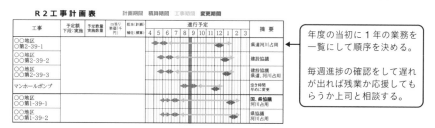

年度の当初に1年の業務を一覧にして順序を決める。

毎週進捗の確認をして遅れが出れば残業か応援してもらうか上司と相談する。

✋ CHECK

休暇を取得する為には、業務をそれまでに終わらせる必要があり、どうやったら終わるかを考えるようになり業務効率が上がります。また、休む為の業務調整力も磨くことができて一石二鳥ですよ。

仕事が多すぎるときは
シェアする・断る

　毎日残業続きなのに、次々と仕事の指示が来る。でも同じ部署の他の職員は自分より先に帰っている。この状況をどうにかしたい！　そんなときは、仕事をシェアする・断る、で良いんです。

▶ 仕事の上手な断り方

　現状の仕事や日々の残業でいっぱいいっぱいなのに、追加の仕事を断らず受け続けると、**この人は残業が辛くないんだ**、大変な仕事は全部この人に任せておけばどうせ断らない、と間違った認識を上司や周りに植え付けてしまうかもしれません。ましてや業務量が多すぎて、こなしきれずミスが頻発してしまっては元も子もありません。

　正確にこなすことが無理な場合はしっかりと断る必要がありますが、頼まれたことを断るのは苦手・できないという人が公務員には特に多い気がします。仕事を指示する相手になるべく**嫌な思いをさせず、納得してもらって断る為に意識したいポイント**は以下の3点です。

　①指示されたら絶対に自分がやらなくてはいけないと思いこまない
　②時間のかからない代替案を提示する
　③現状の自分が抱えている業務量を理解してもらう

【①指示されたら絶対に自分がやらなくてはいけないと思いこまない】

　上司から指示が来た場合、必ずやらなければいけないと思いこまないでください。上司によっては、あなたの状況を把握せず、ただ頼みやすいから指示している場合があります。しっかり理由を述べて、断ればす

んなりと受け入れてくれるケースも多いです。そもそも**公務員の仕事は個人でこなすのではなく、組織としてこなすもの**です。あなただけの仕事なわけではありません。周りの人に頼れるようになりましょう。

【②時間のかからない代替案を提示する】

　とはいえ、指示が来ていきなり断ってしまうのもカドが立つ可能性がありますし、相手も気持ち良いものではありません。そこで、指示内容の目的を適える、かつ、より時間のかからない方法が思いつけば、その内容を提示しましょう。**部分的になら実施できる**旨を伝えることも一つの手段ですし、**期限の延長を求める**ことも重要です。

▷ 業務状況のシェア方法

【③自分の現状抱えている業務量を理解してもらう】

　これは最重要ポイントです。仕事を断るうえで最も重要なのは、**現状の自分の抱える業務量を可視化する**ことです。その内容を上司に理解してもらえれば、これ以上業務を任せることはできないという判断がつきますし、仕事を断る、または期限を延長してもらう大きな理由にもなります。

　そこでまず自分の仕事を可視化しましょう（3-4 参照）。可視化されたスケジュールや TODO リストを上司や他の職員とシェアする方法としては、スケジュールや TODO リストを Excel の共有機能などを用い、部署内の職員全員で運用するよう提案する、TODO リストを週に 1 度メールで送付して良いか上司に相談してみる、などがあります。

☞ CHECK

　仕事を上手に断る為にも、部署で業務量を均等に分散する為にも、職員のスケジュールや TODO リストの共有は重要です。上司に求められなくても、自ら共有してみましょう。業績評価の向上にも繋がります。

チーム全体の業務量を見渡してから帰る

　皆が残っているから自分だけ帰るのは悪いし、もう少し仕事しておこう。これはよくある話で典型的なダメ残業なので、やめましょう。カドを立てず、罪悪感なく帰る方法をご紹介します。

係内の業務分担、負担量を上司に確認しておく

　年度の初めに、自分の業務量がどれぐらいの負担感なのかを確認しておきましょう。他の係員と比べて少ないのか、少し負担がかかる多めの配分なのか、それとも皆と同じ量なのか。係長などの上司に、同じ量か、他の係員より多い業務量だと言われているのであれば、その仕事ができている限り、他の人に付き合う必要は全くありません。

　ただ、自分の仕事が他の人より少ないのであれば、周囲を気遣う必要があるので、他の係員の業務の手伝いをする意識を持ちましょう。

自分の業務が順調なときに、普段から他の人に声をかけておく

　「何かやることがあれば指示してくださいね！」。普段からこんな声をかけておけば、声をかけられる方は、感謝しかありません。そして、ほとんどが「ありがとう！　また何かあったら言うよ」と言い、その後何も言われることなく終わります。

　そうしておけば、自分に何もできることはないし、自分だけ仕事が終わって帰りづらいときも「何かできることありますか？」と聞いて、何もないよと言ってもらえれば、「じゃあ今日はお先に失礼しますね」と帰る流れを作れます。**手伝わなくても、手伝う気持ちは常に持っておく**

ことで、良好な関係が築けるようになります。

▷ 何かお願いされたら、それを猛烈に早くこなす

何かやることがありますかと聞いて頼まれたことは、**大至急やりましょう**。ここぞとばかりに猛烈に集中して、頼んだ方の想像を絶する速さで処理をします。すると、この人は仕事が早くてできる人だと認識してくれます。そうしておけば、自分の仕事が早く片付いて先に帰ることになっても、仕事が早いからだと良い捉え方をしてくれるはずです。

そういうイメージが持たれていれば、忙しいときに頼まれ事を断っても、仕事の早いこの人が言うなら仕方ない、となるはずです。

▷ 他の人の仕事を手伝う

この項目までくると、時短術がいくつか実践できているはずです。自分の仕事を時短して生み出された時間で他の人の仕事を手伝ったり、業務の一部をもらったりしてみましょう。感謝もされますし、与えられた業務以上のことをする意欲を上司から評価されるでしょう。

他の業務もやっているぐらいできていれば、もうあなたがどんなに先に帰ろうと、悪く言える人はいないはずです。

自分だけが早く帰るのではなく、皆で早く帰るという心がけが大切です。手伝えることは手伝っていきましょう。ただし、いくら手伝っても帰ろうとしない上司や同僚もいるはずです。そんなときは仲間を作って一緒に帰りましょう。無理に付き合う必要はありません。

☞ CHECK

常に周囲への心遣いがあれば、逆に自分が困ったときにも助けてもらえることに繋がります。自分の業務が落ち着いているときに積極的に皆の仕事を手伝う姿勢を持ちましょう！

苦手なことは思い切って
人に頼る

業務効率が悪く改善したい、また、業務のクオリティーを上げたいけれど自分にはできない。そんな自信がないあなたでも、今日からすぐに改善できる方法をお伝えします。

▷ 思い切って人にやってもらう

苦手なことをすぐに実行・改善するには、知識や技術、上司との交渉、根回しなど、かなりの労力が必要です。こうした場合の簡単な解決方法は、他者にお願いすることです。自分でできないと思ったら、思い切って他の人に相談してみましょう。残業していない人は大体が仕事の早い人なのでオススメです。そんな人を探して相談してみれば、水を得た魚のように業務改善に協力してくれるはずです。

また、**部署を超えて相談してみるという発想も重要**です。

【小さな改善や効率化の場合】➡業務の得意な人を探して依頼
　・Excel での関数や計算
　・キントーンなどを利用した申請、許可回答処理システム
　・LoGo フォームや Google フォームを利用した調査
【中規模な改善や効率化の場合】➡他の係長や課長、業務改革担当へ
　・様式の変更など
　・単発の有料ソフトの購入など軽微な予算を伴うもの
【大規模な改善や効率化の場合】➡職員提案制度の活用
　・政策や組織体制を変更するなどの提案
　・全庁的な有料ソフトの購入など高額な予算を伴うもの

⋙ 周りを巻き込んで一緒にやると皆も成長

　自分が提案や実行に移せなくても、**チームで取り組む**ことで皆の成長にも貢献できます。同期や先輩達を誘って、職員提案などの提出や実際に改善の実行をすると、皆でやり方を調べたりすることで、新しい考えが生まれたりリスク回避をしたりすることにも繋がります。

　一人で考える提案より、皆で考えた提案の方が、完成度も高く信頼性も担保されます。なにより、皆でやった方が楽しいですよ。

実際に得意な人に任せてチラシが改善された事例

 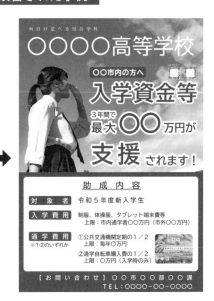

👆 CHECK

　先輩達は、後輩から頼ってもらえるのを待っています。聞かれて分からなくても、それを一緒に調べれば共に知識が広がることにもなるので、先輩側も頼られることはお得だと考えましょう。

チーム内で得意と不得意を共有する

　苦手な業務で悩んでいませんか。人生のどこかで必ず訪れる悩みです。そんな悩みを解決するには、いくつかコツがあります。悩みは時短を生み出すきっかけです。悩みと向き合い時短していきましょう。

まずは自分の弱み、苦手を理解して公開する

　何年か仕事をすれば、自分は何が得意で、何が苦手なのか、大体は分かってきているでしょう。例えば、何時間やっても飽きない業務、すぐに飽きてしまう業務などです。その苦手なことや、得意なことを、上司や周囲の職員に伝えていきましょう。

　そもそも悩む必要はありません。苦手なことは誰にでも絶対にあります。それを周囲に言わないから、自分で苦手なことをやって失敗するのです。そう、**苦手なことは自分でやらなければ良い**のです。逆に得意なことで思いっきり活躍するなど、自分の武器で戦いましょう。

得意なことで、周囲の人の役に立つ

　苦手をただ公開しても、いきなり誰かが助けてくれることはないかもしれません。普段から、**自分の得意なこと、自分が苦にならないことで、周りの人を助けましょう**。自分が得意なことが、他の人は苦手だったりするものです。このパターンの人がいたらチャンスです！

　お節介すぎるぐらいに「私がやりますよ！」と手伝いましょう。そうすることで、自分の苦手なことを代わりにやってくれたり、全力でサポートしてもらえたりするようになるはずです。

自分が他者に貢献できたら、少しぐらいの無理やお願いごとは聞いてくれるはずです。思い切って苦手なことをお願いしてみましょう。以下は、お願いしてみると良い業務の例です。

　　・Excel の集計やグラフ作成などの作業　　・文章作成、推敲、校閲
　　・車の運転　　・住民や外部との交渉　　・会議の司会進行

得意や不得意を活用する方法（ナレッジマネジメント）

　苦手をシェアする方法をお伝えしましたが、その逆で、得意を活用する方法がナレッジマネジメントです。職員（社員）が持つ知識や経験、ノウハウなどを組織内で共有して組織全体の生産性や力を高めていく経営手法です。

　「先輩は得意そうなので」と声をかけられて喜ぶ人はいても怒る人はいません。たとえそれが不得意でも、嬉しくて期待に応えようと他の得意な人を紹介してもらえます。

　また、人には必ず良いところがあります。得意なことがないと言っている人でも、すごく優しい人で、人の話を聞くことが得意だったりします。業務ばかりではなく、人の話を聞くだけで役に立てることもあるので、そういう意識を持ってみましょう。

　逆も考えられます。アンナレッジマネジメントです。知らないこと、苦手なことを共有します。得意なことと苦手なことが分かっていれば、上司も誰に何を頼めば良いか分かり、業務配分のミスマッチも防ぐことができます。

🖰 CHECK

　できないことを人に話すのは恥ずかしいと思いますが、自分の為にも、上司の為にも、そして組織の為にもなります。苦手なことを公開することで、きっと皆が助けてくれます。

ミスを防ぐ「チェック」には
他者の確認を入れる

作った文章を確認して、完璧な仕上がりだと思い上司に見せると、たくさん修正された。これは能力不足だからではありません。よくあるミスだからこそ、精神論でなく、チームで防ぐ方法があります。

▶ 資料のミスに自分で気付けないのは「脳の仕組み」のせい

ミスに気付けないのは、あなたの脳が正常に稼働しているからです。あなたの能力が低いからではありません。1955年に認知心理学者のジェローム・シーモア・ブルーナーが提唱した**「文脈効果」**というもので、誤字脱字が含まれた文章でも、前後の文脈で脳が自動的に判断し補正してしまうのです。このため、自分で書いた文章や資料は、内容を理解しているからこそ、ミスに気付けないのです。

昔は筆者も、修正される度に、なんて自分はできない職員なのだと落胆するばかりでした。しかしこれは、自分にできないこととして、他者を頼るよう切り替えました。この「他者の確認」がチェックミスを防ぎ、時短に繋がります。周囲との助け合いで時短を目指しましょう。

▶ 他者に見てもらえれば早くて正確

この脳の仕組みが分かれば、他者の確認がいかに有効かが分かってもらえるでしょう。他者の文章などで間違いを見つけることができたら、「文脈効果」の話をしましょう。他者に確認してもらうことの重要性をチームで共有することが大切です。

周囲との関係や役割分担が上手くできれば、自分の資料を無駄に自分

で確認する手間もなく、精度の高い資料の作成が可能です。

　作成途中の段階で他者に見せることは、自分の確認作業の時短以外にも効果があります。それは、**内容の方向修正が可能になる**ことです。誤字脱字だけではなく、内容の分かりやすさなども「文脈効果」と同じ働きで自分では気付けないことが多いです。早い段階で他者のチェックを受けると、資料の修正が楽になります。

　まず資料の作成途中で方向性に間違いがないかを上司に確認しましょう。方向性を微調整して、内容が固まってきたら、自分以外の人に誤字脱字のチェックをお願いしましょう。

▷ 信頼されすぎないことも重要

　上司や他者からできる人だと思われてしまうと、そこにも文脈効果が発動し、この人が作ったものだからと安心されて確認機能が働かなくなります。こうなると**致命的なミス**が生じる可能性があります。常に、人は間違えるものだと組織全体で認識しておくことが重要です。

　だからこそ、**チームで確認し合うことを仕組み化**すべきです。誰でもミスをするものだからと、ミスの仕組みを理解して確認作業の効率化をしていきましょう。

　どうしても他者に確認をしてもらえない状況の場合は、**自分で指差し確認をしたり、「チェックシート」を作成したり**しましょう。必要な編集箇所は文字色を変えておくなどの工夫を凝らすのもひとつの手です。

☞ CHECK

　どんな人でもミスは必ず起きるので、チームでカバーする仕組みを考えましょう！　また、ミスには傾向があるので、そのミスの想定（日付の修正漏れや変換ミスなど）をすれば防ぐこともできます。

COLUMN 3

運動や趣味活動も
外部コミュニティーの一つ

　元々、超内気な筆者のコミュニケーション力は、外部に出ていくごとにレベルアップしたと実感しています。民間の転職を6回もしたことも「コミュ力」がアップした要因の一つですが、特に社会人になってから始めたスポーツなどでの交流は、コミュ力を向上させてくれた財産です。

　私が参加していたのは、空手、ソフトバレー、バドミントン、消防団、技術士会などです。

　どのコミュニティーでも、様々な業種の方と知り合うことができました。初対面の方とコミュニケーション能力のトレーニングをさせていただいたり、健康な体作りをしたり、自分が知らなかった世界の学びがありました。

　技術士会では、同じ技術資格取得を目指す方々と切磋琢磨し、偏差値70の技術士資格に2回の受験で合格できました。この会に入っていなかったら合格はできませんでした。一歩踏み出す勇気から合格に繋がりました。

　内部だけで活動するのではなく、外に出ていくことが本当によかったと、今ではしみじみと思えています。

　空手やソフトバレーといった、それぞれの競技を深めていくことは、対応力を磨いていくことだと感じています。意外に思うかもしれませんが、たとえスポーツで身につけたワザであっても、仕事や人生に活かせる「対応力」に繋がるものが必ずあります。

　仕事においても同様に、外へ出ることで学べることが多くあります。しかし、私もそうでしたが、「外へ出る」のは誰しも怖いものです。ですからまずは、趣味活動で外へ飛び出してみましょう！　そうすれば、仕事で外に出ることの怖さが思い出せなくなりますよ。

CHAPTER 4

すんなり決裁をもらう！

上司との
コミュニケーション術

上司の承認をもらうには
「事例」と「数値」で説得する

　早く決裁がほしいのに承認してもらえない。新しいことをやるときは大体認めてくれない。役所では特に、誰もがぶつかりがちな壁です。そうならない為に、承認の取りやすい状況を作りましょう。

▶ 事例を見せて安心してもらう

　なるべく早く承認がほしい、何かをやめたい、業務改善をしたい！というときは、とにかく決裁権者に、**この案件は承認しても問題ないと安心感を与える**ことが重要です。決裁権者本人や所管部署に、今まで以上の手間が増えないことが分かれば、すぐに認めやすいものです。そのときに大事なのが、**当該自治体の過去の事例や、他自治体の実施事例を確認してもらう**ことです。もし、過去に似た内容で実施した事業があれば、当時問題なく実行されたと分かる書類を確認してもらいましょう。

実施事例の確認書類例

　当時の起案用紙、業務完了報告書、事務事業評価シートなど

　また、業務改善など、新たな取組みを行う場合、他自治体の取組み事例を確認してもらうことが効果的です。特に、**都道府県庁や政令指定都市が行っている事例が与える安心感は大きい**です。

　何かやりたいことが見えてきたら、参考事例を部署内で回覧するなど、先進事例があることを決裁権者や所属部署のメンバーに周知しておくと、いざ提案を行ったときに承認してもらえる可能性が高まります。

数値を見せて安心してもらう

　もうひとつ重要なのは、**目に見える客観的なデータを確認してもらう**ことです。提案した内容を承認してもらう為に、どの程度自分や部署にメリットがあるか分かってもらう必要があります。

　「何となく良さそうだからやらせてください！」では、本当に効果的な取組みでも決裁権者としては承認しづらいものです。そこで、下記のように具体的な数値で効果を表現してみましょう。

> 「この取組みを実施することで、準備に 20 時間かかりますが、その後 A の作業が削減され、今までかかっていた事務作業時間 1 日 3 時間 × 5 日の週 15 時間が、1 日 2 時間 × 5 日の週 10 時間に短縮されます。よって、4 週間で準備にかかった時間を取り返すことができます」

> 「この作業を外部委託することで年間 100 万円かかりますが、そのおかげで部署全体の作業時間を 800 時間短縮することができ、人件費に換算すると年間 200 万円の縮減となります」

　このような情報を起案のタイミングから添付資料などで記載しておくと、後で必要性を問いただされたり、決裁権者がいつまでも決裁してくれなかったりという事象が大幅に軽減されます。

☞ CHECK

　承認をもらいたいとき、決裁権者の承認が上席や議員など対外的に説明しやすい状況を作ることができるかが重要です。過去の事例、他自治体事例、客観的数値は効果抜群なので、日頃から意識的に集めておきましょう。

上司に提案する前に
地道な関係作りをする

あの人の提案はなぜか受け入れられて、私の提案はなぜか受け入れられない。そんな経験から、諦めてしまったことはありませんか。実はその裏には、こんな工夫があったかもしれません。

▶ 結局は人対人

特段、提案内容が優れている、客観的根拠が十分にあるわけでもないのに、あの人の提案はなぜか受け入れられると思ったことはありませんか？　住民対応や議会対応でも、同じ事を言っても、言う人によって結果が変わることがあります。これは、**相手とどのような信頼関係を構築できているか、信用されているか、可愛がられているかで結果が変わってきてしまう**からです。

内部とも外部とも人対人のやり取りが多い公務員。特に利益など分かりやすい成果指標がない為、人の感情に左右されることもあります。そんな公務員のための、周りから信用される為のポイントを4つ紹介します。

①担当で一番業務知識がある状態をいち早く作る
②どの部署でも使える基本的なスキルを身に付けておく
③仕事以外の話や懇親会・遊びに付き合う
④適度に頼ってみる

【①担当で一番業務知識がある状態をいち早く作る】
〇〇さんが言うから間違いないと思われたら、大抵の提案は通りま

す。先輩にどんどん質問し自分から作業する、視察を積極的に行う、担当業務の入門書を熟読するなど、**異動直後はとにかく勉強**です。

【②どの部署でも使える基本的なスキルを身に付けておく】

WordやExcel、PowerPointの上手な使い方、CMS（コンテンツマネジメントシステム）によるホームページの更新作業、財務会計システムでの予算入力、適切な契約事務や文書管理、条例や要綱の作成・改定など、**どの部署でも重宝される知識は先んじて習得**しましょう。異動直後から貢献でき、信用を得られます。

【③仕事以外の話や懇親会・遊びに付き合う】

プライベートは自由に過ごさせてくれという気持ち、とても分かります。しかし、かつてくだらない話をたくさんした、一緒に遊びに行ったなど、**仕事以外の共有体験がある人からの提案は断りづらい**ものです。

毎日5分で良いので、他愛もない話に付き合ったり、2か月に1回で良いので同じ部署の人達と食事したり、仕事以外の共有体験を作ってください。自分の仕事に良い影響が返ってきます。

【④適度に頼ってみる】

公務員の方は基本、どなたも真面目で、指示された仕事は自分がやらなくてはいけないと抱えがち。周りの職員に迷惑をかけては申し訳ない、何とか自分一人でやらなくてはいけないと思い込んでいませんか。

でも、周りも皆公務員。人を助けることが好きな人は多いし、自分から声はかけられないけど本当は助けたいと思っている人もいます。

「人は長所で信頼され、短所で愛される」という言葉があります。自分のダメなところ、苦手なところ、仕事で大変なところは周りにどんどん共有して、適度に助けてもらうようにしましょう。

👆 CHECK

仕事は結局人対人。公務員は特にその傾向が強いと思います。いかに信頼され、いかに愛されるか。提案を通すうえで、関係者と上手に仲良くなることは最終的に仕事上、自分の為になります。

渾身の提案を通すには「根回し」・「財源」・「諦めない」の3つを押さえる

とにかくこの提案は何としても通したい。そんなときに担当者は何をどこまでやれば良いのか。以下の3つの方法を押さえることができれば、ほぼ確実に提案は通ります。

絶対に提案を通したいときの3つの方法

絶対に提案を通したいとき、まず実施するのは提案内容の精度を上げることです。それと並行してやりたいのが、以下の3つです。

①関係者への徹底的な根回し　②財源の確保　③何度もアタック

①関係者への徹底的な根回し

関係者へ根回しをし、妥協点を探る事が大事です。直属の上司へ提案内容を事前相談することはもちろんの事、今後、提案内容を実施するにあたり、関係する部署の管理職・担当者への事前相談を行ってください。

どんなに良い内容でも、**何も聞かされず合議の決裁が回ると嫌な気持ちになります**。また、仮に提案内容のどこを修正すれば気持ち良く受け入れてもらえるか、**事前調整**もできます。当然、決裁を回す際に、関係部署にも了解を得た点は直属上司に承認をもらううえでも重要です。

また、裏ワザ的には首長、**議員への根回し**も有効です。ボトムアップでの提案が通らない場合も、首長からのトップダウンなら、組織としては通さざるを得なくなりますし、議員からの一般質問などでの後押しがあると提案が通りやすくなります。筆者も数回この手を使いましたが、

庁内から嫌われる可能性もあるので頻発しないようにしましょう。

②財源の確保

提案を断られる大きな理由の一つにお金の問題があります。例えば、業務効率化の為のシステムを導入したいが費用がかかる場合、目先の資金を集める事が難しく、財政課などに断られることもあります。

国や県の補助金、外郭団体の補助金、ふるさと納税寄附金など、市町村の単独予算以外の財源の確保ができないか常にアンテナを立てておきましょう。他の自治体で実施しており、問い合わせる機会があれば、必ず財源をどうしているかを確認しましょう。また、財政課や企画の部署に事前に活用できそうな補助金がないか相談してみるのが良いでしょう。

③何度もアタック

どうしても受け入れてもらえないときは、諦めるのではなく再チャレンジする機会を狙い、提案の精度も高めておきましょう。

特に上司が変わったタイミングは大チャンスです。自分の方がその業務に関する知識が豊富ですし、チャレンジへの許容性は人によって全く異なるので、説得できる可能性は大いにあります。

また、首長が変わったタイミングもチャンスのひとつです。新たな首長は新しい実績をいち早く作りたい為、職員のチャレンジを求めてくる可能性があります。そんなときは職員提案制度なども上手く活用しながら、再チャレンジを行いましょう。想いはいつか実ります。

☞ CHECK ────────────

まちや職場を良くする提案は何としても通しましょう。その為に公務員は身分の保証がされています。基本的に失敗しても給料は変わりません。人や社会の為にチャレンジできるのが公務員最大の特権です。

4-4

上司の指摘に困ったら
言い方に気を付けて相談する

　起案や作成書類で何回も上司に指摘されると、自信をなくしたり、嫌がらせかと悩んだりします。一つひとつは小さくても、ストレスとしては大きいですよね。そんなときの考え方を紹介します。

▶ 起案や文章などの修正にモヤモヤしない方法

　まず、起案の修正を楽にする方法は以下の通りです。ただ、突然だと理解してくれない上司もいるので、**「もしよろしければ業務効率化の為こうできないでしょうか?」** と柔らかくお願いしましょう。

- ・致命的な間違いでなければ、訂正印などは押さず、**鉛筆で補足的に記入してそのまま回す**
- ・体裁などの指摘であれば、**次回から直す**
- ・文書管理システムの電子起案であれば**上司に修正をお願いする**

　過信はいけませんが、上司の指摘が全て正しいとも限りません。経験豊富でも勘違いしている、業務を知らないといった上司もいます。

　だからこそ、上司を過信するのも良くない場合もあるのです。上司の言いなりになるのではなく、自分の方が正しいのではないかと思ったことは、正当な理由や根拠を探し出して素直に意見を言いましょう。それが自分の成長にも繋がります。ただし、**言い方一つで、問題をこじらせてしまう可能性**もあります。例えば、次のような形だと、上司の言動を否定せず、上手く立てながらやり取りできます。

▶ どうやって正しい結論、根拠を導き出すか

　通常の業務に疑問があるときは、前任の担当者や他部署の同期、先輩に相談しましょう。複数人の考えを聞き、総合的に考えた結果を上司に伝えます。反対されることもありますが、**考えることが重要**です。

　また、大きな話の場合は、他自治体や民間の事例を探しましょう。まずはインターネットや雑誌などで探します。オススメは、「自治体ワークス」や「自治体通信」です。ヒントがたくさん掲載されていますので、取材先の自治体職員に連絡してみましょう。驚くほどやさしく教えてくれます。

　また、何度も指摘をしてくる上司を嫌になることもあるでしょう。しかし、上司から部下への指摘や指導は、部下の成長に繋げる為のものが多いです。**指摘や指導は意外と言いにくい**ものです。言いにくいことを言ってくれていると**感謝の気持ち**が持てると関係性が良くなります。

　伝え方が下手な上司も多く、想いと違う言い方をして勘違いされてしまう上司もいます。受け手の気持ちを変えるだけで、気持ちは楽になります。

☞ CHECK

　上司もあなたも人間なので、どうしても合わない人もいます。しかし、それも1年か2年もすれば必ず異動で離れられます。そう考えると気持ちが楽になります。

上司への報告は文字で残して頻度に気を付ける

　業務を手戻りなく進めていく為には、上司への報告・相談は重要です。後で「聞いていない、やり直し」と言われない為に、しっかりやり方を押さえておきましょう。

▷ 報告の頻度

　正直なところ、上司への適切な報告頻度は、その上司次第といえます。細かい作業にまで口を出す人か、全面的に担当に任せて責任だけ持てば良いと考えるタイプかで、適切な報告の頻度は変わります。**まずは必要最低限の報告を行うようにし、もっと報告するよう言われたら頻度を上げていくようにしましょう。**報告では、次の2点を意識しましょう。

　　①最初にメインの決裁ラインに一声かける
　　②自分だけで業務を抱え込まない

【①最初にメインの決裁ラインに一声かける】
　業務の企画を作り、関係者にも調整を行い、いざ決裁をあげてやり直しとなったら、かなり時間が無駄になります。とにかくやり直しが発生しないよう、最初に所属部署の係長・課長などメインの決裁ラインに概要だけは伝えて感触をつかんでおくと良いでしょう。
【②自分だけで業務を抱え込まない】
　自分のやった取組みが、その仕事は適切だったのかなどと後で問題となった際に、あの人が勝手にやったからと言われたら困ります。そうならない為に、予算編成、支出行為などお金が絡む事項、他部署が絡む事

項、ホームページの掲載情報など広く公開される事項など、**他部署や住民、外部の人の目につく可能性が高い事項は常に報告**をあげましょう。

▶ ビジネスチャットツールでこまめに報告する

隙間時間で現状報告ができるように、また、言った言わないということが後で発生しないように、報告には積極的にビジネスチャットツールを活用しましょう（5-7 参照）。筆者も報告はほとんどチャットで行い、起業、契約など重要事項のみ決裁をあげていました。

ただし、上司によっては、近くにいるのになぜ口頭で報告しないのだと怒る人もいます。データとして報告内容を残したい旨を伝え、チャットツールで報告して良いか了解をもらってから行ってください。

報告では、上司が要点をすぐ掴み、返信が必要か即判断できるよう、下記の通り「**結論から伝える**」と「**箇条書き**」を意識しましょう。

参考報告例

○○イベントの周知に関して、以下の方針で調整して良いか明日○○日 15 時までに返信願います。
・チラシ作成発行 2,000 部
　配布場所：各公民館 50 部、駅ラック 100 部‥‥
・広報○月号への記事掲載
・開催 1 か月前の各公式 SNS での情報発信
予算執行が必要なチラシ作成については決裁を○○日までにあげます。よろしくお願いします。

☞ CHECK

上司への業務報告は原則口頭で行わないようにしましょう。上司の在席や業務状況を気にかけなくてはいけないですし、後に記録が残らない為、言った言わないという問題が発生してしまうかもしれません。

上司の「大切」を
理解しておく

上司との協議などが上手くいかず悩んでいませんか。上司との信頼関係があれば、何事も上手く回ります。急がず焦らず、まずは信頼関係を築く為のポイントをひとつずつこなしていきましょう。

▶ 上司との信頼関係を築くことができれば全て上手くいく！

信頼関係を築く方法は、上司にペコペコすることではなく、**自分のやりたいことと上司のメリットをすり合わせる**ことです。上司が何を大切にしているかを考えて行動していれば、喜んでくれます。常に相手のことを考えて行動すれば信頼を得られます。上司が何を求めているか、大切にしているのか考えてみましょう。例えば次のようなタイプがあります。

①誤字脱字は許せない
②絶対にミスなく業務を処理したい
③少しのミスは許容して業務を効率的にこなしたい
④進める業務を減らしてでも残業を減らしたい
⑤残業は減らすけれど業務も多く進めたい
⑥残業をしてでも多くの業務を進めたい

▶ タイプ別、上司が喜ぶ業務の処理・提案

喜ばれるポイントは、上司（人）によって違います。公務員ですので、ミスは絶対に許されないという考えの方が多い傾向にあります。しかし、

時代の変化により働き方改革、業務改革を進めたいと思っている幹部や係長も増えてきています。上司のタイプを見極めながら、その上司が喜んでくれることを考えて提案してみましょう。

【①誤字脱字➡上司に見てもらう前に係員チェックを実施】

上司の手元に届くまでの誤字脱字をなくせます。ただし、関わる人が増えすぎるなどの非効率化に注意してください。

【②ミスのない業務➡係員（客観的目線）の意見をもらっておく】

業務の進め方や内容について、客観的目線でミスを防ぎましょう。自分のやりたい方向からズレる可能性があることには注意しましょう。

【③効率的に業務を処理➡前例を常に改善する】

時短術を自分から実践し、係員や上司にも周知しましょう。

【④進める業務を減らしてでも残業を減らしたい➡優先順位をつける】

業務の中で重要性の低いものを上司と相談してみましょう。驚くぐらいにやめられる業務があり、上司の残業も減らすことができます。

【⑤残業を減らすけれど業務も多く進めたい➡チームで業務改善】

課員全員で業務改善を行う提案を、どんどんしていきましょう。

【⑥残業をしてでも多くの業務を➡放っておこう】

この考えを持つ上司は危険です。こうした上司からのパワハラで鬱になり退職する職員が多いです。あなたが十分な努力をしたのにもかかわらず、なお多くの業務を求められる場合は、できなくても放っておきましょう。上司との数年より、あなたの一生を大切にしてください。

☞ CHECK

上司も人です。いろいろな思考のタイプがあり、その上司に上手く合わせられれば、関係性が良くなり業務も楽しくなるはずです。しかし、度を超えるパワハラ上司は相手にしないことも大切です。

4-7

上司・仕事に不満があるときは
思いつめることをやめる

上司への不満は、どんな部署や役職でも抱える問題です。しかし、上司の性格や言動を変えてもらうのは難しいもの。そうした不満は、向き合い方や考え方を変えると、気持ちが楽になります。

まずは仕事を楽しむ気持ちを持つ

仕事を楽しむ方法は人それぞれですが、**楽に業務に取り組む気持ちが大事**です。絶対にミスしてはいけない、絶対に成果を出さなければいけない。そんな気持ちでは仕事は楽しくありません。ミスをしようと思ってする人はいません。ミスが起こる仕組みが悪いのです。

成果は、改善の積み重ねで現れるもので、突然ではありません。そして、これも組織で行うものです。どれも個人に責任がかかることはありません。だからこそ、組織で仕事をしている、自分はその一部としてチームと協力して仕事に臨んでいるという気持ちを持ちましょう。

なぜ上司への不満が生まれるのかを理解する

上司への不満は、**自分の考え方とのギャップ**が原因です。自分はこうしたいのに上司は理解してくれない。自分がこんなに大変な思いで困っているのに助けてくれない。概ねこうした不満なのではないでしょうか。

このような上司とのギャップは、伝えなければ解消されることは一生ありません。解消の為には上司に伝えて変わってもらうようにするか、諦めるかの２択です。そして、上司に変わってもらうには、普通に伝えてもダメです。**上司にとってプラスになること**を提案しましょう。

タイプ別、不満解消方法

①自分の業務を理解してくれない上司➡上司の考えと違ってはいけないので、朝、昼、夕方に業務報告し、把握してもらう

②自分の業務を助けてくれない上司➡間違った判断をして上司に迷惑をかけてはいけないので、定期相談する

③自分の為に動いてくれない上司➡上司を含む組織の業務を円滑に進める為、役割分担の認識を共有する（クレーム対応は課長など）

▷ 嫌な上司、苦手な人との付き合い方

　嫌な上司や苦手な人は、大体が自分とは逆の性格や能力の持ち主、つまり自分の苦手分野を得意とする能力者です。上手く付き合うことができれば強力な補助者になります。したがって、まず、**苦手な人の能力の部分**を見てみましょう。細かい人であれば、細かいチェックをしてくれて助かる。大雑把な人であれば、効率化のやり方の気付きをもらえる。そう見ると尊敬できるようになり、関係性も良くなります。

　また、仕事中に**「意識的に笑う」**ということもとても大切です。公務員の業務改善は、非常にゆっくりと進んでおり、一人ひとりの気付きで少しずつ工夫すれば、すぐに成果が出ます。その成果で生まれたちょっとした時間に、冗談を言い合って爆笑（声はなるべくサイレントで）することをオススメします。例えば、約1分間のサイレント爆笑を1時間に1回入れて、その後の仕事に全力を尽くしてみましょう。自分の気持ちをコントロールすることで、業務の質は必ず変わります。

👆 CHECK

　人への不満は、その人に変わってもらいたくて起こるものですが、変えられない人もいます。気持ちを伝えても変わることができない人に足を止めず、自分だけでも前に進みましょう。

4-8

新しい管理職とやり取りする ときはまず判断基準を探る

細かい文言チェックをする管理職もいれば、放任主義の管理職もいます。管理職によって判断基準や限界点が変わるので、上手く対応していきましょう。

限界点を探す意味

「限界点を探す」とは、**管理職の許容範囲を探る**ことです。

業務の効率化を図る為には、可能な限り無駄な作業を減らす必要があります。例えば、費用対効果が悪く必要以上の質を求め、担当職員の業務量を増加させる管理職がいたとします。その状態を放置すると、管理職の異動後も常に必要以上の作業を実施することになります。前例踏襲が根強い公務員業界では、なおさらそうです。

特に、あなた自身か管理職が異動したときは、今までのやり方を一から見直し、考えられる最小限の業務内容で問題ないか確認しましょう。

限界点を確認する項目の一例

新しい管理職に確認すると良い項目を、5つ紹介します。

①決裁を求める事項の確認
②会議に参加する頻度
③業務の進捗報告の頻度
④業務改善への許容度
⑤「て・に・を・は」のチェック精度

【①決裁を求める事項の確認】

契約・予算関係など、重要事項の決定時のみ決裁を求める管理職や、業者への連絡メールの内容まで決裁を求める管理職もいますが、重要事項のみ決裁を求め、その他は必要であればチャットでの簡易確認で済ませるのが効率的です。そもそも係長までの決裁で足りるものを課長まであげている事例も多いので、専決規程の確認をしておきましょう。

【②会議に参加する頻度】

会議は可能な限り担当者のみの参加にしましょう（5-1 参照）。

【③業務の進捗報告の頻度】

原則チャットツールで都度報告するなど、必要最低限の時間で進捗を把握してもらう環境作りをしましょう。

【④業務改善への許容度】

管理職によって、新しいチャレンジや既存のやり方の改善に対しての許容度が大きく異なります。以前別の管理職に断られた改善の提案も改めてチャレンジしてみましょう。今回は通るかもしれません。

【⑤「て・に・を・は」のチェックの精度】

庁内通知にも関わらず、管理職から必要以上に季節の挨拶や「て・に・を・は」などを指摘される場合もあります。

その場合は、まず、そもそも通知文をなくせないか、なくせない場合は決裁にあげるルールをなくせないか、通知文ではなく庁内 LAN の掲示板で済ませられないか、せめて季節の挨拶はなくせないかなど、なるべく不必要なチェックを受けない方法を探しましょう。

庁内職員には、必要なことが早く伝われば良く、無駄なやり取りで発出するタイミングが遅くなる方が、全体の非効率に繋がります。

✋ CHECK

管理職が異動したタイミングは、業務の効率化が図れる大チャンスです。年度初めで忙しいことが多いでしょうが、何とか業務の効率化を図れないか検討しましょう。その結果は、後任も含め、皆の為になります。

管理職の目が気になるときは まっすぐ意見を伝える

細かいチェックを受け続けるとやる気がなくなってしまいますよね。でも、あなたがやる気をなくしては元も子もありません。しっかり管理職に思いを伝えましょう。

▶ 管理職に目標や成果は何かを確認する

日々の業務の中で、決裁をあげた内容が細かい修正の赤字だらけで戻ってきた（通称：赤ペン先生）、内部会議の挨拶文の出来に文句を言ってくるなど、そんな細かいことを頑張って意味があるの、と思うことがありませんか？　公務員業界はその傾向が特に顕著です。

管理職の中には、残念ながら起案にいかに注文をつけるかが自分の仕事だと考えている人もいるようです。そのような事態が続くのなら、**部署として現在目指す目標や成果は何か**を管理職に尋ねましょう。

管理職の仕事は、部署の力を最大化し、いかに成果を出していくかです。その目標達成に向け、決裁に赤字を入れることで成果にどう繋がるのか説明を求め、そこに時間や労力を割くより、成果をあげる為その時間でより本質的な仕事をやらせてはもらえないか懇願してみましょう。

長年、自分の仕事は赤ペン先生だと思っている管理職を根本から変えていくことは難しいです。一度で変わることはなかなかないでしょう。でも、どこかでチャレンジできるタイミングがあれば試してみてください。少しは変わってくれるかもしれません。

▶ 管理職に求めるものを伝える

　さらに、もし現在の管理職との関係が良好で、管理職に求めたいことを伝えられるのなら、以下の4点をしっかり伝えましょう。

> ①決裁は住民に不利益が生じる内容以外は原則修正しないでほしい
> ②管理職自らが考える成果や目標を示してほしい
> ③議会対応など管理職でしかできない仕事をしてほしい
> ④部署メンバーの業務の負担が偏らないようにしてほしい

　もしかすると、他にも管理職に求めたい事項があるかもしれません。それは自分なりに加えて、機会を見て伝えるようにしてください。

　公務員は民間企業に比べ、マネジメント研修など、管理職がマネジメントについて学ぶ機会が非常に少ないようです。したがって、管理職側もマネジメントに手探りの部分もあると思います。

　そうであれば、**部下からのまっすぐな意見**を意外と求められているかもしれません。また、そのような意見をぶつけた場合、管理職側からも、こちらに対して要望が出されることもあると思います。そのようなときは理不尽なもの以外はなるべく聞き入れるようにしてください。お互い少しずつ歩み寄り、より良い状況を作っていけるようにしましょう。

　過去に筆者が伝えたことを全て受け入れて、こなしてくれた管理職が2人だけいました。そのときは他の管理職のときとは比べ物にならないほど業務が進捗し、多くの実績を生み出すことができました。そのような管理職が皆さんの一声で少しでも増えていくことを心から望みます。

🖐 CHECK

　管理職が絶対に正しいわけではありません。住民の福祉向上の為に、自分は、また、管理職は何をすべきなのかを真剣に考え、管理職とも意見をぶつけ合うべきです。大切な税金が無駄な時間に使われてしまいます。

COLUMN 4

公務員系オンラインコミュニティーで楽しく繋がる

　普段の業務の悩みを相談したり、新たな改善事例を勉強したり、飲み会に行って気晴らししたり……。公務員同士の横の繋がりがあると、日々の業務に心強い仲間ができ、孤立感も解消されます。公務員は民間と違い、同業他社が競争相手にはならないので、横の繋がりが作りやすいメリットがあります。折角ですから、気軽に多くの仲間作りをしていきましょう。

▶ オンラインコミュニティー事例紹介

よんなな会

　現状の公務員系オンラインコミュニティーの中では日本最大規模のコミュニティーです。「地方公務員と中央省庁で働く官僚を繋げることで、日本全体を有機的に繋げることを目的とした会」です。

地方公務員オンラインサロン by HOLG

　活躍する自治体職員や首長に光を当てるウェブメディアHOLG による有料のオンラインサロンでは、各地・各業務で実績をあげた公務員が多く所属しています。より良い業務を行いたい方におススメです。

Facebook 公務員ユーザー

　各地で先進事例に取り組む公務員の方は、Facebook の個人アカウントを運用している可能性が高いです。あくまで仕事の為で構わないので、Facebook を開設し、個人名での運用がオススメです。気になる職員を見つけ、メッセンジャーを通し、繋がれます。筆者もそれぞれ個人アカウントでFacebook を行っていますので、いつでも友達申請をお待ちしています。

CHAPTER 5

二度手間をなくす！

調整・コミュニケーション術

「会議は当事者だけ」・
「資料を作らない」を徹底する

　すでに結論は決まっているのに実施される数々の会議、ありますよね。何も生み出さない会議は行わないようにしたいところです。ではそんな会議をどう見分け、どう削っていけば良いのでしょうか。

▶ 行う意味のある会議は少ない

　結論は決まっているのに、会議で決まったという実績作りの為に行われる数々の会議。その準備に、担当者は挨拶や日程調整、次第書作成などで頭を悩ませ、参加者は資料の音読会に数時間付き合わされます。

　まずは**本当にその会議が時間をかけて実施する必要があるのか改めて検討**しましょう。内容を報告するだけの会議なら関係者にメールで資料を一斉配信して、意見がある場合のみ返信をもらえば十分です。

　コロナ禍で、会議の中止や、メールでの一斉配信に切り替わった事例も多いはずです。実際、それで不都合があったことは筆者はありません。どうしても会議をやらなくてはならないときは、以下の点を意識しましょう。

> ①管理職が出なくても問題ないように整える
> ②会議用の資料を別途作らない
> ③議事録は作らない

【①管理職が出なくても問題ないように整える】

　管理職が会議に出るとなると、冒頭の挨拶文の作成や、席次はどうするのかなど、無駄な労力をかける機会が激増します。なるべく会議は担当者のみで終わらせるようにしましょう。

筆者は、大学教授や銀行の支店長などが参加する会議でも、担当者のみで臨んでいました。その方が実務担当者として想いをぶつけられ、意味のある会議になります。管理職の出席を強要する相手は、信頼関係を築きづらいので、可能であれば一緒に仕事をしないようにしましょう。

【②会議用の資料を別途作らない】

いざ会議を行うと、内容を説明できる資料がすでに手元にあるのに改めて会議用に書式を整えたり、見直しをしたりする人も多いです。資料の体裁に大きな意味はないので、手持ち資料で臨みましょう。

【③議事録は作らない】

結論と懸案事項のみ管理職に報告し、録音データの保存で済ませましょう。

▶ 会議をやらなくてはいけない場合はオンライン会議を活用

オンライン会議（Zoom、Microsoft Teams など）はメリットだらけです。

【①時間・旅費などあらゆるコストを削減できる】

参加者が一つの場所に移動する時間や費用がなくなり、いつでも必要なメンバーで会議を行うことができます。また、会議室の予約が不要になり、紙の資料を配る必要もなくなるなどコストが削減されます。

【②議事録の作成が不要になる】

オンライン会議のレコーディング機能を利用して、動画をデータで記録できますので、わざわざ議事録を別途作成する必要がなくなります。

👆 CHECK

公務員にとって会議は儀礼的、非効率なものが多く、無駄な時間を取られる業務の代表格です。会議は絶対になくすという気持ちで見るようにすると、組織に合った業務改善提案もしやすくなります。

議事録は会議と同時進行で作成する

　前項目で、議事録は作らないようにすると書きましたが、どうしても必要な場合もあるでしょう。議事録の作成は、重要な会議での発言録や、内部協議の結果など、内容に応じた作成方法で時短が可能です。

会議の内容に応じて議事録の内容を変える

　議会や農業委員会など重要な会議の発言録は、外部委託したり、録音を聴きながら丁寧に文字に起こしたりします。しかし、全ての会議を丁寧に文字起こしするのは大変です。簡易な会議などは、要点録なのか備忘録なのかを判断し、許される範囲で簡易に変えていきましょう。

　内部や簡易な会議の議事録は、全て文字を起こさず、**「協議結果」**とその後の**「TODO」、結果までの「協議事項」**が分かるようにします。全てを読み込まなくても、表紙を読むだけで結果が分かれば、不参加の職員が確認する時間の短縮にもなるからです。会議には必ずPCを持ち込んで、以下のようにメモするとさらに時短になります。

①**協議中にその場で**タイピングしてメモを取る
　…自分が進行役でできなければ、進行役ではない人に依頼
②会議や協議の**最後に結果を振り返り、内容を確認してタイピング**
　…最後の振り返りで、協議結果と今後にやることを必ず共有
③タイピングデータの**上部に協議結果と今後やること**をまとめる
④その他の協議事項は、タイピングしたものをそのまま利用
⑤誤字脱字は許容してもらい、そのまま回覧して完了

協議会などでの発言の議事録の作成方法

　翻訳ソフトやアプリを活用し、一言一句文字を起こしたものを作成します。有料のソフトを購入していない自治体は、LINE が開発した無料 AI 音声認識アプリ「CLOVA Note」を利用してみてください。ただし、翻訳ソフトで文字を起こす場合は、マイクを通した音を録音しなければ正確な変換にならないので、注意してください。

①会議中の発言はマイクを利用し、スピーカーの前に機器を設置
②変換したテキストデータの変換ミスを修正
③データの最上部に開催日など必要事項を入力して完成

実際の協議録の例

部長	課長	係	係	担当

2022/○/○　○○○○○会　　メモ
　　　※聞きながら打ったものなので誤字脱字はご容赦ください

まとめ
今後の自治体の財政は、人口減少や施設の更新需要などで厳しい状況になることは明確。
だから、できることからやる。やるかやらないか？　やるしかない！
職員も市民も民間も、みんなで学びあい、みんなで取り組む姿勢を！

当市で実施可能と感じたこと
物品一括購入
維持管理委託一括発注
上下水、建設等の部署間連携での同一工種一括発注プロポ
運動公園グランピング施設　官民連携

CHECK

　誤字脱字を気にする上司もいますが、そういう上司は減りつつあります。協議録などの報告書類は、作成時のメモのまま報告すれば、作成時間が不要になります。

有料システムの導入は
長期的なコスパで説得する

有料システムの導入はコストがかかるから財政課が認めてくれない、というのはよくある壁です。システムなしとシステムありの効果をどう見せるのか、そのコツをお伝えします。

▷ 人を雇うより有料システムの導入

有料システムの導入で、今より業務量を減らせることが確かなのであれば積極的に導入の提案をしていきましょう。初期の導入経費が大きくて躊躇する場合もあるかと思いますが、正規職員を新たに一人雇用すると、給与、保険、研修その他諸々の経費で、**生涯で3億円**かかると言われます。人の能力や働き方は、それぞれです。その点、システムはそれらを補い、さらには、業務の質を高めてくれます。

▷ 業務の質を高め、結果を出す

有料システムの導入により、日々の業務を圧縮することで、時短だけでなく本来の業務の質を高めることができます。6-2で触れるふるさと納税業務へのシステム導入など、多少の初期コストをかけてでも、システムの導入を行ってしまえば、日々の事務を圧縮でき、本来行いたい寄附金・寄附件数増加といった成果に繋がる業務に力を注げます。その結果、埼玉県北本市ではシステム導入前は1億6千万円（2018年）だった寄附金額が導入後は9億円（2021年）と大きな結果を残すことができました。

　他にも、右ページの広報紙は業務委託により作成していた広報紙を、有料のデザインソフト（Adobe Creative Cloud・年8万円程度）及び

デザイン用ハイスペックPC（50万円程度）を導入して、職員の完全自製に切り替えて作成した広報紙です。それにより、年間1300万円程度かかっていた広報紙の作成業務料が700万円程度となり、およそ半額の経費で作成できるようになりました。初期投資分を大幅に回収できたと分かります。自治体にとってのベストな体制を是非ご検討ください。

有料ソフトを使い職員完全自製の広報きたもと

北本市公式HPより

☞ CHECK

　他自治体の業務環境などを聞ける機会があれば積極的に確認し、情報システムに関する展示会なども、可能な限りチェックするようにしましょう。

上手くいかない業務は
他自治体に問い合わせる

全国の自治体は 1700 超。どの自治体も基本的には同じ目的・内容で業務を行っています。効率的な実施は、先進自治体の模倣から始めましょう。

先進自治体の模倣から始めよう

今の業務を改善する方法はないか考えたとき、まず始めてほしいことは、**全国の自治体の先進事例を探しまくること**です。全国 1700 を超える自治体全てが同じ法律に基づく業務を行い、住民福祉の向上を図るので、原則同じ業務を行っています。したがって、間違いなくどこかの自治体で、自分達より効率的に業務が行われています。

一人であれこれ考えて悩みを深めるのではなく、まずは**より効率的な実施をしている自治体**を見つけ出し、それを**どのように自身の業務に適応させていくか**考えましょう。探し方は以下の通りです。

・「自分の行っている業務名〇〇　先進」でインターネット検索
・先進的な取組みを多く行っている自治体のホームページを検索
・経験年数の長い職員に先進事例を教えてもらう
・所属する公務員のコミュニティーで先進事例について質問する
・国の先進事例集や「自治体通信」・「自治体ワークス」などに目を通す

恥ずかしがらず問い合わせよう

先進事例を見つけたら、恥ずかしがらず**直接電話**するようにしましょ

う。相手は忙しいのではないか、低レベルな質問をしても良いのかなど気になってしまい、なかなか直接問い合わせることができない気持ちも分かります。ただ、**先進的な取組みをしている職員は、前向きに取り組もうとする人からの問い合わせには親切に対応**してくれます。筆者も広報担当時代、どのように編集しているのかなど連絡し続け、広報紙の交換をお願いしたこともありますが、皆さん優しく対応してくださいました。臆せず連絡を取ってみましょう。

▶ 上司からの指示による問い合わせ

上司から議会対応用、予算要求用などで他自治体に問い合わせるよう指示を受ける機会も多いです。この場合、なるべく省力化したいですし、他自治体にもあまり迷惑はかけたくないものです。例えば、県内自治体全てに問い合わせを行うようにと言われた場合は、**同程度の人口規模の自治体のみではダメなのか、近隣の自治体だけではダメか**など、問い合わせの範囲を狭めるように努力をしましょう。

努力むなしく、どうしても多くの自治体に問い合わせを行う場合は、一つひとつの自治体のホームページから問い合わせ先を確認していては時間がかかります。その場合は、**J-LIS（地方公共団体情報システム機構）のホームページに掲載されている住所録を使う**ようにしましょう。全国の自治体の郵便番号、住所、代表電話番号が掲載されていますので、わざわざ一つずつ調べる必要はありません。自治体の職員であれば、全自治体の住所録がまとまったExcelデータをダウンロードすることもできますので、適宜活用してください。

🖐 CHECK

自分の考えだけでは限界があります。前向きな問い合わせは積極的にしましょう。ただし、議会対策で仕方なく問い合わせるなど、後ろ向きな理由のものは相手に伝わります。迷惑なので行わないようにしましょう。

5-5
議員対応は直接
コミュニケーションを取る

　議員対応に議会答弁の作成。民間企業にはない、公務員の特殊な業務で、議員や上司の意図を汲めず、苦手意識を持つ人も多いでしょう。時間をかけず、つつがなくこなす為にはマインドセットが重要です。

絶好の機会と捉えよう

　公務員ならではの業務の代表が議員対応・議会答弁の作成です。自治体によって対応方法はまちまちで、管理職のみで対応しているところもあれば、入庁当初から議会答弁を書いている職員もいると思います。筆者も入庁2年目から一部の作成を行っていました。

　議員に、自分がやっている業務内容に賛同してもらえると、**庁内外の風当たりが良くなり、何事も上手く運びやすくなる**ので、適切に対応したいところです。議員から興味・関心を持たれた場合は、面倒だなと思わずに絶好のアピールチャンスだと思うようにしましょう。

直接コミュニケーションを

　筆者が議員対応・議会答弁で心がけていたことは、**自身が直接議員とコミュニケーションを取る**ということです。

　大抵の自治体では、議員対応の窓口は管理職が行っており、担当職員は、管理職が議員から聞いた話を聞かされるということが多いです。

　しかし、その場合、管理職が業務内容に細かく精通しておらず、誤った内容で受け答えした結果、議員からの信頼を無くしたり、本当は議会で質問されるような内容ではないのに質問項目にあげられてしまうな

ど、結局後で担当職員が面倒になるケースが多いです。

　したがって、議員から業務内容を問われている場合は、**管理職だけでなく、自分もその場に入り内容を聞く**ようにしましょう。

　「議員対応は管理職の仕事でしょ」と思う人もいるでしょう。しかし、最初から自分も話し合いに混ぜてもらった方が、**最終的に自身の手間が軽減**されます。議員もより正確で濃い話を聞ける為、理解がより進みます。また、直接コミュニケーションを取り、一対一の関係で信頼してもらえれば、心強い味方になってくれる場合もあります。

　筆者も多くの議員と直接コミュニケーションを取り、正確に業務内容を把握してもらえた為、議会質問でも肯定的な質問が多かったです。また、議員自ら、業務内容について議会説明会や自身の YouTube チャンネルなどで住民に説明をしてくださり、庁内外からの業務信頼度の向上に繋がりました。

著者の行った業務を議員が YouTube で解説している様子

✋ CHECK

　本来、行政と議会は対立する存在ではなく、より良いまちづくりを行う為の車の両輪です。担当職員としても、管理職に任せるのではなく、しっかりと手を携えて進んでいく意識を持つようにしましょう。

苦情電話は整理・相談・迅速にを徹底する

電話での住民の苦情や意見は対応が長引いてしまうケースも多いでしょう。職員としては、嫌な思いをさせないように努力すべきです。そのうえで、早めに切りあげるコツがあります。

苦情の対応方法

住民からの電話での苦情や意見を丁寧に対応するあまり、多くの時間を割かれてしまう経験は公務員誰しもが経験することだと思います。筆者も入庁2年目から、広報広聴担当として、多くの苦情の電話に対応し、長い時は一回で4時間以上電話をしたこともありました。

当然、誠心誠意対応する必要はありますが、時間をかけすぎるのは考えもの。その苦情にかけた時間はその一人の為に割かれ、他の住民にとっては関係のない無駄な時間になってしまいます。そこで時間をかけずに、かつ誠意を持って対応する為には、以下のポイントが重要です。

　①苦情の内容を整理する
　②整理ができたらいったん対応方法を検討する時間をもらう
　③可能な限り迅速に回答する

【①苦情の内容を整理する】

まず重要なのは、**何に対しての苦情かしっかりと整理**することです。

違う部署の業務内容であれば、すぐ当該部署に引き継ぐ必要があります。そもそも行政で対応する内容でない苦情の場合、対応できないとすぐに言い切る必要があります。ダラダラ聞いたうえで「何もできません」

は、自分にも相手にも無駄な時間となってしまいます。

【②整理ができたらいったん対応方法を検討する時間をもらう】

　しっかり苦情内容を整理して、こちらに非がある、改善の余地があると判断した場合、**自分で回答できるならすぐに回答**しましょう。

　もし、自分では答えづらい、または分からない内容だと判断した場合は、相手に**クールダウンの時間**を与え、電話代をかけさせない為にも、「部署内で対応方法について至急協議し折り返させてほしい」と言って、いったん電話を切るようにしましょう。**話を聞き続けない**ことが重要です。聞けば聞くほど、関係のない話になっていきます。

【③可能な限り迅速に回答する】

　基本的には当日中に何らかの回答をするようにしましょう。ただし、明らかに相手がお酒に酔っている状態で電話している場合など、1日置いた方が良い場合もありますので、そこは注意してください。

　「部署内で話し合った結果、このような対応をさせてほしい」と話し、相手側の反応を見ましょう。この対応でも長引きそうな場合は、上司に対応を代わってもらうなどの対応をしていきましょう。

　また、可能であれば、組織として電話録音機能をつけてもらうようにしましょう。録音があれば、言った言わないで揉めることも無くなりますし、録音している旨を冒頭で自動配信することで、相手方も高圧的な態度に出づらくなります。

👆 CHECK

　個人宛に来る保険などの営業の電話は職務専念義務違反に当たると考え、すぐに切りましょう。業務に関係がある場合も、価値があるもの以外は「業務で忙しく、これ以上は対応できません」と切りましょう。

業者対応などは
ビジネスチャットを活用する

LoGo チャット、Slack、Chatwork など、多様なビジネスチャットツールが登場しています。可能な限り導入し、業務効率化を図りましょう。

ビジネスチャットツールのメリット

多くの自治体で導入が進むビジネスチャットツール。**導入により、職員一人当たり年間 100 時間程度の業務削減効果がある**という調査結果もあります。筆者も相手方の利用ツールに合わせ、LoGo チャット、Slack、Chatwork、Messenger、LINE WORKS など多くのビジネスチャットを活用しています。とはいえ、まだメールとの違いが分からないという人も多いのではないでしょうか。主なメリットは以下の 3 つです。

①いつでもどこでも連絡可能
②挨拶文や署名が不要
③複数人で投稿を一元管理できる

【①いつでもどこでも連絡可能】

多くのチャットツールはスマートフォンにアプリとして導入でき、いつでもどこでも連絡できます。会議の休憩時間や電車移動中など隙間時間を活用できるのです。ほとんどの民間企業が何らかのチャットツールを活用しており、自治体との連絡をチャットツールで行うことを望んでいます。お互いの時短の為にも導入がオススメです。

ただ、自治体の情報管理の観点で、自分のスマートフォンにチャット

ツールを導入できない自治体もあるでしょう。現在は、**LoGo チャット**という LGWAN 環境に対応したものも登場しました。安心・安全に利用できると情報管理部門に伝え、導入を検討してもらいましょう。

【②挨拶文や署名が不要】

　皆さんも普段の生活の中で、LINE などのチャットツールを友人や家族と使う機会は多いでしょう。その際、「お世話になっております」や「お疲れ様です」など挨拶文を文頭に置くことはないですし、文末に所属や名前などの署名も入れないでしょう。同様に、チャットツールでも挨拶文や署名は使いません。ストレス軽減と時短に繋がります。

【③複数人で投稿を一元管理できる】

　業務項目ごとにトークルームを作り、その中で複数人で連絡を取り合うことができるので、業務進捗を関係者全員が知ることができます。過去の投稿も見ることができる為、業務ごとに情報の蓄積が可能です。

　次のように項目を作成し、自治体職員、関係する民間企業をメンバーにして、チャット内でやり取りを行うことで、いつでも業務項目ごとに情報を確認し、返信を行うことができます。

業務ごとの管理項目例（ふるさと納税業務）

【事業者説明】【新規返礼品追加】【既存返礼品改善】
【返礼品プロモーション】【寄附者問い合わせ対応】
【ふるさと納税型クラウドファンディング進捗】【寄附者感謝ツアー】

☝ CHECK

　ビジネスチャットツール利用時は、個人情報の取り扱いなど各自治体で作成されている情報セキュリティマニュアルにしっかり目を通してから行うようにしましょう。導入の際は情報担当に確認しましょう。

複雑なメールは要約・画像で時短する

　毎日届くメールへの対応。一つひとつへの対応時間を圧縮できると、最終的には大きな時間を圧縮できます。どんな職場でも今日からすぐにできるメール時間の短縮方法を紹介します。

▶ メールの往来の回数をできるだけなくす

　5-7 で紹介した通り、可能な限り庁内外のオンラインでのやり取りはビジネスチャットツールに切り替えた方が良いです。しかし、そうは言っても行政のセキュリティを考えると、全てを切り替えることは難しく、メールでのやり取りもある程度残ってしまいます。

　その際、メールだと文頭の挨拶、署名などを毎回入れなくてはならず、かつ一度送ると修正ができない為、確認に時間がかかってしまいます。そこで、以下のポイントを押さえて、無駄なメールの往来を可能な限りなくしていく必要があります。

・伝えたいこと、結論は冒頭に書く
・回答期限を記載しているか
・日程調整の場合は候補日時を提示しているか

▶ 内容が分かる件名を

　件名でメールの主題を分かるようにすることは、相手に迅速に対応してもらう為にも重要です。例えば、会議の日程調整を行う場合、件名は、「○○会議について」ではなく「○○**会議日程調整【●月●日〆】**」など、

主題や締め切りが分かる件名にすることで、相手の開封と期限までの返信を促すことができます。

添付画像を多用する

　メール本文で内容を全て伝えようとするのはやめましょう。ダラダラと本文が長くなると主題が分かりにくくなるうえに、文章だけで物事を伝えるのは難しいからです。**内容詳細が書いてある紙**がすでに手元にある場合、**図を見た方が分かりやすい場合、場所の説明**をする場合などは積極的に添付画像を活用するようにしましょう。PC 画像の切り抜きでオススメの方法は以下の通りです。

> ［Windows］キー＋［Shift］キー＋［S］キーで「切り取り＆スケッチ」または「Snipping Tool」を起動して撮る（Windows10）。

TO と CC と BCC の使い分け

　同じ趣旨の内容を複数人にメールする際は、CC や BCC を活用し、個別に送らないようにしましょう。**返信を求めるメインの宛先には TO、知らせたい人は CC、住民や他自治体への一斉送信は BCC** にします。
　この際、特に注意したいのが、住民や他自治体のメールアドレスを BCC ではなく、誤って CC や TO に列記してしまうケース。急いでいたり、疲れていたりすると誤って送信してしまうことがあるので、毎回意識的にチェックしましょう。

👆 CHECK

とにかくメールに時間をかけないようにしましょう。伝えたいことをシンプルに箇条書きにするなど、メール本文は分かりやすさを意識してください。冷たい印象を与えるかな？などは気にしなくて大丈夫ですよ。

デザインで問い合わせを減らす（①フォント・余白編）

　他部署や住民への通知、イベントを周知するチラシなど、情報を伝える媒体を分かりやすく届けることができれば、読む人のストレスも軽減し、問い合わせを大幅に減らすことができます。

▶ 簡単にできるデザインのポイント6選

(1) UDフォントを使う

　UDフォント（ユニバーサルデザインフォント）とは、多くの人に分かりやすく、読みやすいように工夫されたフォントのことです。ロービジョン（弱視）やディスレクシア（読み書き障害）といった障がいを抱えている方でも読みやすいようにデザインされています。

　現在では、Microsoft Office製品でも標準装備されていますので、皆さんがWordやExcel、PowerPointで通知やチラシを作成する際には、積極的に活用するようにしてください。

　実際、今までと全く同じ内容の通知をUDフォントに切り替えるだけで、かなり見やすく分かりやすくなる為、問い合わせの件数が減っていることを実感しています。

すべてのフォント
BIZ UDPゴシック
BIZ UDP明朝 Medium
BIZ UDゴシック
BIZ UD明朝 Medium

↑　Microsoft Office製品でも標準装備のUDフォント

(2) 余白の使い方を意識する

　文字を大きくすれば見やすくなるわけではありません。余白を上手く使って読みやすい状況を作りましょう。また、情報を区別するとき、囲い枠を使いがちですが、逆にごちゃごちゃして見づらい場合が多いです。余白を空ければ一つの固まりとして成り立ちます。

<table>
<tr><td>

余白の使い方を意識
　文字を大きくすれば見やすくなるわけではありません。余白を上手く使って読みやすい状況を作りましょう。
　また、情報を区別するとき、囲い枠を使いがちですが、逆にごちゃごちゃして見づらい場合が多いです。余白を空ければ一つの固まりとして成り立ちます。

</td><td>

余白の使い方を意識
　文字を大きくすれば見やすくなるわけではありません。余白を上手く使って読みやすい状況を作りましょう。
　また、情報を区別するとき、囲い枠を使いがちですが、逆にごちゃごちゃして見づらい場合が多いです。余白を空ければ一つの固まりとして成り立ちます。

</td></tr>
</table>

↑囲み枠の例を見てどちらの方が見やすいですか。文字の大きい左側より、文字は小さめでも余白が適切に確保されている右側の方が情報を正しく認識できるようになります。

(3) 1行の文字数を抑える

　文が横長や縦長になりすぎないように注意しましょう。目線の移動距離が長いと疲れます。一般的に無理なく読める1行の文字数は、横組みの場合は15〜35文字程度、縦組みの場合は20〜45文字程度と言われています。

文の横長過ぎ、縦過ぎに注意。目線の移動距離が長いと疲れます。一般的に無理なく読める1行の文字数は、縦組みの場合は20〜45文字程度、横組みの場合は15〜35文字程度と言われています。

【横組み58文字】

文の横長過ぎ、縦長過ぎに注意。目線の移動距離が長いと疲れます。一般的に無理なく読める1行の文字数は、横組みの場合は15〜35文字程度。

【横組み34文字】

↑上の横組み58文字は読むのが疲れませんか。長すぎる場合は改行しましょう。

デザインで問い合わせを減らす(②その他デザイン編)

(4) あいまいな言葉を使わない

不必要にへりくだったり、言い切るのを恐れて、あいまいな文末にすると読みづらくなるのでやめましょう。

「○○と思います」「○○と考えます」「○○なのではないでしょうか」など、あいまいな言葉で文章を締めると言いたいことがボヤケます。

また、広報記事のタイトルや、ホームページのタイトルで「○○について」のように、語尾に「ついて」をつけるケースが多いですが、無駄に長くしているだけなのでやめましょう。

（誤）広報きたもと読者アンケートについて

↓

（正）広報きたもと読者アンケート

(5) 図版率を高める

紙面上で写真やイラストやグラフなど、文字以外のものが占める割合を「図版率」と言います。図版率が50％以上あると、紙面に対する印象がガラっと良くなります。紙面を開いて文字だらけでは、見る気を失います。

チラシはもちろん、通知なども文字ばかりではなく、なるべくグラフや図を入れるよう心掛けましょう。

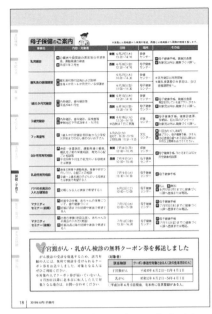

↑左は図版率が低く、右は図版率が高い例。（参考：広報きたもと）

(6) 色を使いすぎない

　白、黒、赤、青、黄、緑色など色をたくさん使いすぎると、逆に見づらくなってしまいます。多くても1ページの中で3色までを心がけましょう。写真を使う場合は文字部分などの色を写真の色に合わせると、全体に馴染み、写真の良さも引き立ちます。

👆CHECK

　どこの部署でも必要となる通知やチラシ作成。デザインスキルを身に付けることで効果的な情報発信を行えます。まずは、自分の好きな雑誌やチラシなどから良い面を見つけて盗むようにしましょう。

COLUMN
5　自分で遊びを企画する

　COLUMN3 でも述べたように、筆者は元々コミュニケーション能力が低く内向的なタイプでしたが、外に出て行くことでレベルアップしました。また、企画力や調整力にも自信がありませんでしたが、自分で遊びを企画するようになったことでレベルアップしました。

　筆者はマラソン好きの先輩と仲良くなり、「リレーマラソン」というイベントに参加するようになりました。これは 10 人のチームで 1 周 1 km から1.5 km のコースをリレー形式で走り、6 時間で周回数を競う大会です。最初は競技として周回数を競っていましたが、数年後には楽しく走ろうということになりました。そして、チームメンバーの募集や打ち上げの準備、仮装用の衣装やグッズの準備なども行うようになり、皆がどうすれば楽しめるかを考えるようになりました。

　このような楽しい活動を考えて準備することで、企画力や調整力が身につき、チームメンバーは、今でも学びの活動に不可欠な仲間となっています。当時は大変だと思ったこともありましたが、今では「やっていてよかった」と思える活動のひとつです。他にも、バドミントンやフットサルなどの部活動や地域イベントに参加することで、異なる部署の人たちと知り合うことができました。こうした交流があることで、仕事の場でも円滑なコミュニケーションができ、他部署の人から助言やアイデアをもらうことができています。

　皆さんも、趣味で一緒に活動できる人を誘って、皆が楽しめることを企画してみてはいかがでしょうか。スポーツ、文学、アート、飲み会など、なんでもいいです。プライベートで楽しむことが企画できれば、仕事でも楽しいことが企画できるようになるはずです。

　是非、自分で遊びを企画することを通して、新たなスキルや経験を得て、人生を豊かにすることをオススメします。

CHAPTER

6

あなたから始める！

自治体仕事の
時短思考法

6-1

行政の「これまでのやり方」は時代に合わせて変える

業務改善のメリットは、個々の職員、チームへの影響だけではありません。急速な人口減少期にある日本は、高度成長期に蓄積された行政事業や業務方法を変えていかないと、住民にデメリットがあります。

▷ 今までのやり方は変えなくてはいけないという意識を

現状の行政事業、執行方法、日々の業務内容は、主に戦後の高度成長期に作られ、積み上げられてきた内容が基本となっています。

その時期は、行政としては人口・税収増をベースとして事業を組み立てているので、現在の急速な人口減少期には即さない内容が数多く残っています。各地で公共施設の老朽化が進む中、なかなか施設数自体を減らしていけないのも、人口増をベースにした行政運営の名残です。

▷ 社会課題はさらに複雑・深刻化

少子高齢化、自殺、児童虐待、年金問題、ワーキングプア、公共施設の老朽化、空き家問題など、社会課題をあげればキリがありません。これだけの社会課題が山積している中で、**今までの行政運営は完全に正しかったと胸を張って言える人はいない**と思います。

年々社会課題は深刻化し、最適な事業実施内容を組み立てることはより困難になっています。よって、常に業務内容の改善余地は残されています。日々考え続けることが何より大切です。

日本社会の人口の実態

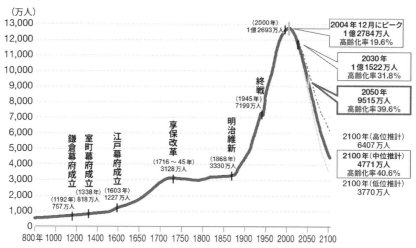

資料：総務省「国勢調査報告」、同「人口推計年報」、同「平成 12 年及び 17 年国勢調査結果による補間推計人口」、国立社会保障・人口問題研究所「日本の将来推計人口（平成 18 年 12 月推計）」、国土庁「日本列島における人口分布の長期時系列分析」（1974 年）を基に、国土交通省国土計画局作成

先進国の自殺死亡率

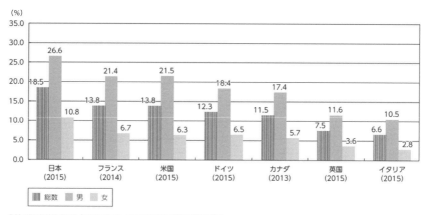

資料：世界保健機関資料（2018 年 9 月）より厚生労働省自殺対策推進室作成

🖑 CHECK

　「今までずっとこれで来ているから正しい」というのが公務員の基本的な考えです。知らず知らずにその考え方が自分にも染みついているので、積極的に民間の友人などに業務の相談をするようにしましょう。

やり過ぎ仕事をしない為に 都度「計画」を確認する

　膨大な時間をかけているその事業。本当にその価値がありますか。どの事業も、住民の大切な税金で行われていることは大前提ですが、全ての事業に100％の労力をかけていては本末転倒です。

全てに100％で臨む必要はない

　自治体では膨大な事業が日々実行されていますが、本当に実施する必要はあるのか、一個人の立場から考えてみたことはありますか。時代や社会の変化の中で、効果の乏しい事業も数多く残されています。しかし、一部の受益者がいたり、政治的な理由があったりと、効果が乏しくても事業が残ってしまう現実があります。そうした事業に100％の労力を割いても費用対効果が低いです。職員数が減少し、限りある人数で多くの事業をこなす現代。**労力のかけ方にも優先順位**をつけましょう。

　筆者は、優先順位に応じて事業への力の入れ具合を意識的にコントロールしています。例えば、優先順位の高い事業については他自治体や先進自治体の事例をしっかりと調査し、より良い事業執行ができるよう万全の努力を行います。対して、どんなに頑張っても効果の出しづらい事業については、いかに時間をかけずにその事業をこなすかだけを真剣に考え、作業には労力をかけないようにしています。

力をかけるべき事業とそうではない事業の見分け方

　では、どのようにして優先順位を決めれば良いのでしょうか。自分の好きな仕事、嫌いな仕事で判断をしてはいけません。

税金で実施する事業である以上、行っている事業は何らかの方針・計画に紐づいていなくてはいけません。例えば、自治体ごとにまちづくりの最上位計画である総合計画などが存在するはずです。そこには、自治体としての目指すべき将来像、それを実現する為に構成される各成果指標が掲載されています。

　この成果をあげる為に全ての事業があります。したがって、この**計画との関連性が見出せない事業や成果があがる見込みのない事業**に労力をかけるのはかえって**税金の無駄遣い**になってしまいます。

▷ 労力のかけ方の事例

　例えば、総合計画の事業としてふるさと納税業務があり、成果指標に「ふるさと納税寄附額の増加」という指標があるとします。

　この場合、日々の寄附の受付や返礼品の管理を Excel で行い、膨大な時間を割いて業務を行ったところで、寄附額の増加にはほとんど寄与しません。結果的に、それは成果の出ない仕事に毎日時間をかけているということになります。

　この場合、まずは定型業務の圧縮を考え、管理システムの導入、または業務の外部委託を行うようにします。その結果、生まれた時間で寄附者増加に向けたプロモーションや、さらなる返礼品の発掘を行うなど、成果指標の向上に向けた取組みに時間をかけるようにすべきです。

　もし、ふるさと納税業務が総合計画や他実施計画などに載っていないのであれば、そもそも実施する必要すらない場合もあります。そんな仕事にお金も労力もかけていたらもったいないですよね。

👆 CHECK

　自分の行う仕事は労力を割くべきかを常に意識し、根拠となる法律や計画、成果指標を確認してください。根拠が見つからない仕事は、まず廃止を検討し、廃止が難しい場合は意識的に優先順位を下げましょう。

業務の勉強は異動直後に集中的に

異動直後から年間の業務内容を大まかに把握できていると、現在の業務内容の位置づけが把握でき、労力を大きくかけるべきなのか、そうではないのか判断できます。

業務に関する書籍を積極的に読もう

公務員の異動のスパンは短く、おおよそ3年程度で異動となることが多いと思います。しかも多種多様な部署があり、異動先の業務が現在行っている業務とかけ離れた内容であることも多く、まるで転職を繰り返しているようで、民間企業から考えると非常に特殊な状態だと言えます。

したがって、業務に関するノウハウが個人に蓄積しづらく、異動の度に一から学び直さないといけない為、苦労する方もとても多いと思います。筆者も毎回困惑しながら業務を始めていました。そんなときに助けになったのが、学陽書房の「○○担当になったら」シリーズをはじめとした、その業務に関する書籍です。

異動が決まった直後から休日などを利用して、そういった書籍に目を通すことで、異動後の業務の全体像がある程度把握でき、期初から自分がこれから取り組むことになる業務の重要度の検討がおおよそつきます。

「この業務は、全体から見れば影響の少ない業務だからシンプルに早めにこなそう」、「この業務は比較的重要な業務だから、しっかりと考え、改善できる点があったら改善提案もしてみよう」など、業務に優先順位をつけることが可能になります。

異動直後、引継ぎもままならず、訳の分からない日々で疲れることも多いかと思いますが、何とかひと踏ん張りして、異動直後に勉強をしておくと結果的にその後がずっと楽になります。

異動直後にオススメの本

↑財政課異動直後に業務全体を把握するのにオススメ

↑筆者（林）がふるさと納税担当時に培ったノウハウを収録

👆 CHECK

　1年間の全体像が見えているかどうかは、効率的な業務遂行において重要なポイントです。業務関連書籍、前任者の残した引継ぎ書、業務マニュアルなどを早めに読み込み、全体像を早めに把握しましょう。

6-4

やり方が分からない仕事は
マニュアルを作成する

業務実施のうえで最も困り、時間もかかるのが、「やり方が分からないこと」です。自分の為だけでなく、後任の職員の為にも、業務マニュアルは必ず作るようにしましょう。

▶ 業務マニュアルの作成は超重要

公務員は、異動で全くの未経験の業務をすることがあります。そんな中、前任からの引き継ぎもままならず、突然窓口や電話対応をするときが最も大変です。住民にとって、ベテラン職員も異動初日の職員も同じ「職員」で、当然業務内容は分かっているものとして質問されます。

そんなとき、頼れるのは前任の職員が作ってくれた業務マニュアルです。詳細かつ分かりやすい業務マニュアルがあれば、後任の職員の圧倒的な時短に繋がりますし、日々マニュアルの内容を改善すれば、組織全体としても無駄な作業を行わない環境を整えられます。

業務を知っている人間が一人でも部署に残っていれば大丈夫だと思うかもしれませんが、その職員が他の職員に詳細な手順を教えてあげるかは分かりません。また、担当者全員が異動なんていうこともあり得ます。

マニュアル作成はどの部署でも最重要業務と捉え、**一人１日５分でも作成時間を取る**ようにすべきです。その５分間は、併せて業務改善方法がないか検討するようにしましょう。

⧉ 業務マニュアルの作成方法

　それでは、どのようにマニュアルを作成すれば良いのでしょうか。

　すでに組織内に共通テンプレートが整備されている場合はそちらを活用してください。テンプレートも過去のマニュアルも手元にない場合、一から作り始めるのは大変です。近隣自治体など、人口規模が似ていて、同じ業務を実施している団体に問い合わせて、マニュアルの有無を確認し、作っている団体があれば提供依頼をしましょう。

　他自治体のマニュアルを確認してみると、意外と今まで当たり前にやっていた内容が省力化されているなど、新たな発見があるものです。すでにマニュアルの整備がなされている業務も、他自治体とマニュアル交換をしてみることをオススメします。

　ここでは、標準的な業務マニュアルに掲載する項目を記載します。

【○○担当業務マニュアル】

・目次構成

・年度ごとの担当者名

・更新月

―以下、各業務ごとに―

①業務の目的やターゲット　②関連する法律・計画

③関連部署と役割分担　④業務予算項目・予算額

⑤業務の概要やフロー図　⑥手順ごとの説明や注意点・コツ

⑦懸案事項　⑧参考資料

☞ CHECK

　公務員は企業利益最大化という目的で働いていないので、最適な業務フローを生み出す意識が薄れがちです。しかし、今後は財政状況が厳しくなり、職員数も減少していくため、マニュアル作成と日々の業務改善は必須です。

研修・勉強会に積極的に参加すると結果的に業務が減る

忙しいという理由で、様々な研修への参加を諦めていませんか。どんなに忙しくても、研修や勉強会には参加しましょう。

万能スキルは早めに身に付けよう

4-2 でも解説した通り、どの部署でも使えるスキルを身に付けることで、異動後すぐに同僚から信頼を得ることができます。

財務会計システム、情報処理（ICT）、Office、ホームページのCMS、予算編成、法令改正、チラシデザインなどに役立つスキル、どこの部署でも通用するスキルは早めに身に付け、異動初日から何らかの役に立てる存在になりたいものです。

そんなときに活用したいのが、職場の研修や国・県・外郭団体が行う庁外の研修や勉強会です。日頃から業務が忙しく、研修などに参加している時間がなく参加できないという人もいると思います。しかし、そのような研修には無理をしてでも参加しておく必要があります。何十年も活用できる時短スキルを手に入れることができるからです。

自分で研修を企画しよう

日々の公務員生活の中で、こんな情報が知りたいけれど、適した内容の研修や勉強会がなかったり、あの人の話を直接聞いてみたいと思ったりすることもあるでしょう。でも、自分一人で講師を呼んでも来てもらえないでしょうし、費用も払えません。

そんなときは、**周囲の人に声をかけて自分で勉強会を企画する**という

のも一つの手です。筆者の場合は、労働組合や隣の自治体の仲の良い職員に声をかけて自主勉協会（KOAS・北本桶川アフターシックス）を開催していました。毎回、両市の職員を中心に 40 名程度が集まる勉強会になり、講師の謝礼は、組合費や参加費の中から賄っていました。

▷ 動画での研修を依頼してみよう

　日頃から業務が忙しく日中どうしても時間が取れない、自分で研修の企画をするのが難しい人もたくさんいると思います。そんなときに活用したいのが動画研修です。コロナ禍で現地での研修が難しくなったことから、急速に動画での研修の機会に対応してくれる講師の数が増えています。北本市でも広報の研修を動画で行っていました。2 か月間など期間限定で庁内 LAN に掲載し、時間のあるときに見てもらい、感想をもらう形で進めていました。

　もし依頼できるようでしたら、研修所管課に動画での配信はできないか確認してみるようにしましょう。

PRDESIGN JAPAN 佐久間智之氏による動画の広報研修

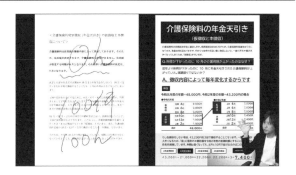

👆 CHECK

　職場の研修や国・県・外郭団体が行う庁外の研修は、知識や人脈を構築する貴重な機会です。研修後や休憩時間に、講師に連絡先を聞いておき研修後に相談に乗ってもらうことも可能です。

時短術は周囲に共有する

本書を実践して仕事が早くなったり早く帰れるようになったりしたら、是非その方法を周囲に共有してください。組織全体のレベルアップになり、全体の処理量が増えれば巡り巡って自分の仕事も減ります。

係員や仲の良い人への共有

まず、係員や仲の良い人と共有をしましょう。簡単なショートカットの方法でも大丈夫です。オススメは 2-3 で紹介した「Win + Shift + S キー」です。「インターネットから LGWAN の PC へのめっちゃ早い画像転送方法を見つけたんですけど、これ知ってます？」と話してみましょう。「うわ〜これめっちゃ早い！　助かるわー！」となるはずです。

周囲の人にも仕事が早くなるコツを教えて貢献することは、いつか巡り巡って自分に返ってきます。自分だけが仕事が早くなると周囲の人の仕事を手伝うことになります。それで評価はされたとしても、時間を奪われるので、可能な限り**「組織全体の効率化」**を目指しましょう！

次に**課内での共有**を目指しましょう。課内への共有となると、全員に口頭で説明するのは難しいです。この場合は、ポータルサイトでのメールや回覧機能を使って共有をしましょう。下記のように、メリットなどを箇条書きにして簡単に伝えます。

インターネットで便利なショートカットを見つけたので、共有します。
①「Win + Shift + S」　キーを同時に押す
②画面をドラッグして Word ファイルに貼り付け
メリット1　自由な範囲でスクリーンショットができる！

▶ 全庁への共有

　これはかなり勇気がいりますが、全庁へ共有することが組織として大きな改善効果に繋がります。たった1分の時短効果でも、それが1000人の職員へ伝われば、組織としては1000分の時間を削減できます。

　小さな時短術の全庁共有を個人で行うのは難しいので、関連部署から**情報を発信**してもらいましょう。ショートカットの方法では、**デジタルの部署や行革の部署へ報告**をして、そこから「皆さんご存じですか？こんな機能があります！」と全庁に共有をしてもらいましょう。

▶ 業務の改善報告など組織の制度を活用

　業務の改善報告や職員提案などの制度がある自治体は、こちらを活用しましょう。本書の実例を実践して改善できたことを報告すれば、組織の中で困っている人を助けることができます。そして、あなた自身への評価に繋がったり、表彰・感謝されたりすることもあります。

　改善の報告を重ねることで、あなたの文章力やプレゼン力も向上していきます。他の人の為にとやっていることが、実は自分の成長にも繋がります。また人に伝えようとすることで情報が整理され、より効率的な方法に気付けたり、アウトプットにより記憶されたりするというプラスの効果も働きます。

👆 CHECK

　有益な情報を共有することで感謝され、その感謝はいつか自分に返ってきます。それは他の有益な情報だったり、あなたにとってありがたい行動だったり。まずは仲の良い人から共有していきましょう！

6-7

年休「消化」・残業「申請」は
確実に行う

平日は残業、土日も仕事に追われて自分の時間を取ることができない。そんなふうに仕事のせいで心身ともに疲弊してしまっては、良い仕事もできません。休むことも仕事のうちです。

▷ 積極的に年休消化しよう

しっかり年休消化できていますか？　毎年余らせて無駄に失くしてしまっていませんか。3-4 で具体的な方法を紹介しましたが、この項目では、皆さんの**年休消化・残業申請の意欲作り**をしたいです。年休消化は職員全員に与えられた権利です。

通常職員にとって、年休が十分に取得でき、残業代が正確にもらえるということへの意欲は高いはずです。しかし、現実問題、年休を大量に余らせて、サービス残業をしている人は多くいます。「消化」「申請」への組織や管理職の対応が、大幅に取得意欲を下げているからです。

管理職によっては、年休消化事由を細かく確認し、その内容に緊急性がなければ、部署が忙しいことを理由に仕事することを求めてくる人もいます。しかし、そもそも権利ですから、事細かに年休消化事由を伝える必要はありませんし、**部署の業務が忙しいのもあなたのせいではありません**。取りたいときは年休をしっかり取りましょう。年休がどれだけ余っているかを誇らしげに語る職員もいますが、むしろ組織として業務効率化を行えず、必要以上に働いている公務員の悪しき慣例です。

残業申請は必ずしよう

　自分の時間を確保するうえでも、自治体の財政運営にとっても、残業しないことがベストです。しかし、どうしても残業の必要があるのなら、残業申請は必ず行いましょう。最善を尽くしても残業が発生してしまうのなら、それはあなたのせいではありません。組織のせいです。

　多くの管理職は、首長や財政課から残業を抑制するよう厳しく言われています。これは皆さんの健康を留意しているのではなく、単に残業代を抑制したいから言っていることがほとんどです。そのため、残業代の予算が今年度分はもうないことを告げ、業務の削減や効率化には何も対策を打たず、皆さんのサービス精神に頼る組織や管理職が多いと思います。慣例や周りの雰囲気に流され残業を申請しないでいると、**組織としての甘えが生まれ、この悪習が続きます**。

　今後サービス残業を強いられる後輩を生み出さない為にも、しっかり残業申請を行い、組織として残業に対応していく風土に変えていきましょう。もし上司へどんなに申請しても受け入れられない場合は、人事課や公平委員会、労働組合、議員や住民団体など他の立場の人に相談してください。その際、周りにどう思われるかは気にしないでください。正しいことですし、同じ理由で苦しむ多くの仲間を助けることに繋がります。一人で実施するのが難しい場合は、係員や同期一同など、共感してくれる仲間と一緒に動くのもありでしょう。

　ちなみに残業代の予算が年度途中になくなっても、補正予算で補充すれば良いだけなので、**毎年これしか予算がないというのは組織の詭弁**です。騙されないようにしましょう。

👆 CHECK

　慣例や雰囲気で年休を余らせたり、サービス残業をしたりするのは絶対にやめましょう。それが皆さんを苦しめることに繋がり、組織全体の意識変化が起きない要因になってしまいます。

6-8

大切なものを失わないように
民間委託に頼る

目的を果たすうえで、行政だけで事業をこなす必要はありません。予算や人的資源の都合で諦めてしまう前に、民間委託も視野に入れて、最善の形を検討しましょう。

民間委託を行うかどうか

総合計画の目標や日々の業務目的を果たすうえで、行政だけで業務を行わない方が効率的な場合もあります。5-3 で記載した有料システムの導入と併わせて考えたいのが、**民間企業などへの業務委託**です。

職員一人当たりの年間人件費はおよそ 800 万円。例えば 300 万円の民間委託により、職員一人がその業務に多く関わらなくて良くなるのであれば、民間委託の方が効率的であると言えます。

また、専門性の高い業務を一から行政職員で行うのではなく、**ノウハウを持った外部アドバイザーに一部業務委託**を行う手もあります。筆者は、元公務員で優れた実績を持つ専門家をアドバイザーとして登用し、共に事業構築を行うという手法も取っていました。

安かろう悪かろうになっていないか

民間委託を行う際に気を付けたいのが、**単に費用の面だけで民間委託を行わないようにすること**です。仮に、費用を圧縮する為に民間委託したとしても、それ以上に業務の質が下がってしまい、住民福祉の低下に繋がっては元も子もありません。

費用とサービスの質を天秤にかけて検討しましょう。

また、行政にありがちなのが民間委託をしているからと言って、**全ての業務を民間企業に丸投げしてしまう**ことです。あくまで民間委託は、より良い業務改善の為に行うもので、自分達が楽をしたいから行うものではありません。民間委託後も、しっかりと民間企業と目的を共有し、進捗を管理し、足りない点はお互い手を携えながら、**良きパートナー**として業務を進めていきましょう。

民間委託時のプレスリリース

プレスリリース (報道関係各位)	北本市 kitamoto city	令和2年7月2日 北本市役所　市長公室 シティプロモーション・広報担当

広報日本一・ふるさと納税日本一に導いた元公務員が北本市でタッグを組む

日本初！元スーパー公務員2人をアドバイザー起用

元埼玉県三芳町の佐久間氏と元長崎県平戸市の黒瀬氏をアドバイザーに起用。
北本市 50 周年事業・ふるさと納税などの情報・魅力を発信し、まちのファンづくりをめざします。

北本市では令和元年度からシティプロモーション部署を新設。本格的に北本市のまちの魅力を磨き・発信するシティプロモーション業務に取り組んでいます。今年度は7月から北本市シティプロモーションコンセプトである「&green」を軸とした市制施行50周年（2021年）に向けたプロモーションを元埼玉県三芳町職員の佐久間智之氏と、ふるさと納税の返礼品拡大とプロモーションを元長崎県平戸市職員黒瀬啓介氏をアドバイザーに迎え実施していきます。2つの日本一を導いた元公務員を起用する自治体は日本初です。

元埼玉県三芳町職員 **佐久間智之氏（43）** PRDESIGN JAPAN 兼代表取締役	元長崎県平戸市職員 **黒瀬啓介氏（40）** LOCUS BRIDGE 代表	**主な業務内容**
2002年三芳町に入庁。2015年全国広報コンクールで日本一となる内閣総理大臣賞を受賞。1年民間出向。2019年地方公務員アワード受賞。2020年2月退職。神奈川県技術顧問や早稲田マニフェスト研究所招聘研究員を務めるほか行政広報力向上に尽力。	2000年に平戸市役所に入庁。2012年から移住定住推進業務とふるさと納税を担当し、2014年に寄附金額日本一を達成。2年間トラストバンクに民間出向していたのち、2019年3月に平戸市役所を退職し、フリーランスとして独立。	佐久間氏…50周年事業プロモーション媒体制作業務／広報紙の内製化アドバイス業務／行政チラシ・通知等、情報発信媒体作成に係るアドバイス 黒瀬氏…返礼品事業に対し返礼品改善・PRアドバイス業務／市のふるさと納税情報発信手法に対するアドバイス

北本市公式 HP より

👆 CHECK

　職員の負担を減らす為に民間の活用が進んでいますが、それが原因で行政の公平性や公益性、地域との繋がり作りなどが失われている事例も存在します。コスト以外の影響も十分に考慮しましょう。

行政・民間・ソーシャルセクターとの連携を上手に使う

民間委託を行う場合、域内に何を残せるかという点も考慮しましょう。地元企業、NPO や住民団体などのソーシャルセクターとの連携が地域にノウハウやコネクションを蓄積し、人材を育成するうえで重要です。

域内企業との連携のススメ

筆者は自分の業務では、**可能な限り域内企業への業務委託を心がけていました**。それは以下のようなメリットを意識していた為です。

域内企業への業務委託のメリット

・**域内への委託料の還元**

域内にお金を落とすと域内で更なる消費を生み、3 倍程度の経済効果を生むと言われています。例えば 1 億円の業務委託を域内で行った場合、3 億円の経済効果が生まれます。

・**雇用の促進**

域内企業に仕事が増えれば、当然域内での雇用が促進されます。

・**域内に残るノウハウ、コネクションの蓄積**

域外企業が業務実施を行った場合、域内の人間にノウハウ、コネクションが全く蓄積されず、ひたすら特定の企業に依存することになります。最初は大変かもしれませんが、域内企業にノウハウが残っていく仕組みを考えましょう。

・**自社収益の追求からの脱却**

自社収益の追求だけでなく、地域活性化、地域福祉の向上を目指した活動を行ってくれる可能性が高いです。

ソーシャルセクターとの連携

　協働相手は民間企業だけではありません。NPO 法人などの住民団体や個人など様々です。目指すべき成果を果たすうえで、**行政でしかできないこと**、**外部に頼っても良いこと**は何かよく検討しましょう。

　例えば、北本市ではまちのプロモーションに関わる情報発信を行政が行うのではなく、住民の皆さんにやっていただく為、「住民ライター講座」を開設し、住民ライターの育成を行っていました。そうすることで、自分達が手を動かさなくても、生活者の視点で日々の情報発信が行われる体制を構築できます。撮影やライティングの技術を学べる講座を実施し、参加者にはその後、プロモーションサイトへの記事の掲載や広報原稿の作成を無償で実施してもらっています。

北本市で行った講座例

暮らしの魅力を発信！『市民ライター育成講座』

NOV 23, 2021　&greenな暮らし

&green編集部

ライター講座を開催

北本市では「&green-豊かな緑に囲まれた、ゆったりとした街の中で、あなたらしい暮らしを。-」をコンセプトに、北本市及び周辺地域の方々が、地域の魅力に触れ、地域を愛する移住定住のプロモーション事業を行っています。

北本市シティプロモーションウェブサイトより

☝ CHECK

　毎年、職員数が減らされていく中で、行政が自分達の手で全ての課題を解決することなど到底できません。いかにして共に動いてくれる人を見つけるか、その人達への支援を行っていくかが重要です。

COLUMN 6

筆者 同前の業務効率化に オススメの YouTube

　本書では簡単に Excel について触れましたが、Excel やデジタル、DX は勉強すればするほど、極めれば極めるほどに業務効率が飛躍的にあがります。

　Excel での自動処理や、Zoom を活用するようになったことでの移動時間の削減、RPA（ロボティック・プロセス・オートメーション）などプログラム不要で PC 作業全体を自動化する取組みなどもあります。

　しかし、それらを使いこなせている人は自治体には少ないでしょう。だからこそ、あなたが隙間時間に学べば、職場で大活躍できるチャンスなのです。教えてくれる人がいなければ、YouTube の出番です。

　オススメのチャンネルを紹介していきましょう。YouTube の中でタイトル検索してみてください。

▶ オススメチャンネル

金子晃之
…IT 全般を初歩から、Excel なども分かりやすく解説してくれるチャンネルです。まず IT の知識に自信のない方はこちらの初級をご覧ください。

ユースフル
…たった 1 動画で分かる Excel の教科書。Excel を初歩からじっくり学びたい方はこちらをご覧ください。休日に 1 日この動画で学ぶだけで、かなりの Excel マスターになれると思います。

メンタエクセル
…高度な関数や VBA などが紹介されているチャンネルです。業務で使える時短術を見つけることができます。

COLUMN
7

筆者 林のオススメ本

「NEXT GENERATION GOVERNMENT 次世代ガバメント 小さくて大きい政府のつくり方」
（若林 恵責任編集、日本経済新聞出版、2019 年）

　停滞する行政はデジタルの進む世界の中でどのように変化していくことができるか、変化していかなくてはいけないか。公共について改めて考え直すことができます。1 年に 1 度、読み直したくなる内容です。

「知事の真贋」（片山 善博著、文春新書、2020 年）

　大学時代の恩師、片山善博先生の一冊。総務省官僚、鳥取県知事、総務大臣を行った経験から、新型コロナウイルス対策を行う全国の知事の力量を問うています。法治国家たる日本で、法に則りどのような行政運営を行うべきかを教えてくれます。

「マーケットでまちを変える　人が集まる公共空間のつくり方」
（鈴木 美央著、学芸出版社、2018 年）

　まちはどのように生まれたのか。海の民が海の幸を、山の民が山の幸を、それぞれが自分の持つ資源を物々交換したその商いの場が固定化し、人が集う場所となり、最終的にまちになっていきました。現代の屋外仮設マーケット（マルシェ・市）を通して、まちや公共空間、公共財のあり方を考えるきっかけをくれる一冊です。

　また、著者である鈴木美央さんを講師に迎え、北本市で行われた「きたもとマーケットの学校」をまとめた一冊も是非ご覧ください。下記の QR コードや北本市公式ホームページよりご覧になれます。

おわりに──執筆を終えて著者2人の対談

林　同前さん、この度は共同で執筆いただきありがとうございました。大阪府市町村振興協会さんが行う、人材開発研究会報告書にお互いの取組みを取材・掲載いただいたのが今回の共著のきっかけでした。

同前　そうですね。掲載内容を見て、二人の志向性がすごく似ていると思い、その後に林さんと話す中で、このような執筆の話になりました。今回、共著という形にしていただき、本当に良かったと思っています。単独執筆では思考や表現が偏ってしまい、広い範囲のカバーができなかったかなと。今回の共著は、お互い特に紹介したい重要な項目を厳選できており、質の高い著書にできたのではと思います。

林　同感です。一人で書くよりも圧倒的に充実した内容になりました。同前さんの実務経験に基づいた様々なスキルを掲載いただいたことで、明日にでも使える手法をたくさん掲載できたことを本当に感謝しています。私はどちらかというとマインド重視で仕事をしていたんだと気付かされました。

同前　衝撃だったのが、考え方がここまで同じなのかということです。数日経過すると、僕が書いた項目だったかと思えるぐらいに僕の考えや想いと同じでした。

林　全く想いがずれることなく共同執筆できたのは幸せな経験でした。今までもこういった公務員の業務改善本は存在していましたが、その多くはすでに管理職になってマネジメント側に回っている方や、長年実績を出し公務員を卒業した方などが書いており、まさに今、現場業務を行う実践者の目線で執筆されているものは少ないと思います。よって、現場担当者として組織や、上司をどのように見ているのか？という点もとても良く分かる内容になっているので、現場の担当者だ

けでなく、管理職の方にも参考に是非読んでみてほしいです。

　同前さんとして、この本に特に期待することは何かありますか。

同前　この本の真似をするだけで確実に勤務時間は削減できます。その削減できた時間で少しでも皆さんの苦労が楽になったり、幸せな時間を作れたりすればいいなと思います。また、それが社会を良くするきっかけになればと期待しています。ですから、「残業を減らしたい！」という悩みを抱える人や、「社会の為にもっと良い仕事ができるようになりたい！」という想いを持っている人に読んでもらいたいですね。6年間で5回の転職経験から奇跡的に公務員になれた落ちこぼれの私が、残業なく他の人より成果を出せた手法を紹介していますので。

林　ありがとうございます。掲載している手法は時代の変化に伴い、より良い形が生まれていくこともあるかと思います。ただ今回の本では、そういった変化に順応していくためのマインドセットについても多く触れることで、いつ読んでも参考にしていただける内容になったと自負しています。今後も全国の皆さんとともに業務改善や時短術を共有し高めていく活動を行っていきたいと思います。

　最後に、改めまして、今回貴重な機会を与えていただいた関係者の皆様ありがとうございました。全国の公務員の皆さんのお役に少しでも立てることを心から願っております。

著者紹介

同前嘉浩

岡山県備前市備前緑陽中学一体校準備室長補佐（教育DX推進課、教育総務課兼務）
2002年に旧備前市、日生町で運営する水道企業団に建設会社から転職、2005年市町村合併で備前市へ統合され市の職員となる。2023年4月より現職。2017年配属の下水道課で事業費約20億円を削減し、国土交通大臣賞（循環のみち下水道賞）、「地方公務員が本当にすごい！と思う地方公務員アワード2020」、リクナビNEXT「GOOD ACTION アワード」受賞。

Facebook アカウント

林博司

パブリシンク株式会社代表取締役
合同会社 LOCUS BRiDGE 共同代表
2010年に埼玉県北本市役所に入庁。情報政策・広報・財政・シティプロモーション・ふるさと納税担当として12年間勤める。2022年全国広報コンクール最高賞である内閣総理大臣賞を受賞。ふるさと納税では寄附額2021年埼玉県内1位を達成。「地方公務員が本当にすごい！と思う地方公務員アワード2021」受賞。

Facebook アカウント　　　　　　　　会社 HP

公務員が定時で仕事を終わらせる55のコツ

2023 年 5 月 31 日　初版発行
2024 年 2 月 2 日　3 刷発行

著　者　同前嘉浩・林 博司
　　　　どうぜんよしひろ　はやしひろし

発行者　佐久間重嘉

発行所　学陽書房
　　　　〒102-0072　東京都千代田区飯田橋 1-9-3
　　　　営業部／電話　03-3261-1111　FAX　03-5211-3300
　　　　編集部／電話　03-3261-1112
　　　　http://www.gakuyo.co.jp/

ブックデザイン／能勢明日香
印刷／精文堂印刷　製本／東京美術紙工

ふるさと納税の「現場のプロ」が詳解！

黒瀬啓介・林博司 著

A5判・並製・176ページ　定価＝2,750円（10％税込）

●担当者必読！　事業者との関わり方からさまざまな寄附の受
　付け方まで全ノウハウがわかる本